Henriikka Rönkkönen
Die Fräuleinchroniken
My Imaginary Boyfriend

My Imaginary Boyfriend erzählt von total missglückten Dates und elenden Nächten mit random Männern, vom mächtigen Impuls, den Ex zu stalken, und dem Zorn auf alle, die nichts von Verhütung halten. Vom Abschied von Kleinmädchenträumen und davon, wie schön es ist, laut und obszön zu sein. Vor allem aber macht dieser Text Frauen Mut, endlich mit dem Sich-Schämen aufzuhören und mit dem Ganz-bei-sich-Sein anzufangen. Denn nur, wer wirklich bei sich ist, wird irgendwann beim anderen ankommen.

Henriikka Rönkkönen, geboren 1984, lebt als Bestsellerautorin, Bloggerin und Rednerin in Helsinki. Sie hat Finnisch und Literatur studiert und ist geprüfte Sexberaterin. Ihren finnischen Blogs folgen über 35 000 Follower. Band 2 der Fräuleinchroniken, ›Bikini Borderline‹, wird ebenfalls bei dtv erscheinen.

Henriikka Rönkkönen

DIE FRÄULEINCHRONIKEN

My imaginary Boyfriend

Roman

Deutsch von
Stefan Moster

dtv

MIX
Papier aus verantwortungsvollen Quellen
FSC® C019821
FSC www.fsc.org

Deutsche Erstausgabe 2022
dtv Verlagsgesellschaft mbH & Co. KG, München

Titel der finnischen Originalausgabe:
›Mielikuvitus poikaystävä ja muita
sinkkuelämän perusasioita‹

Umschlaggestaltung und -illustration:
lowlypaper, Marion Blomeyer
Satz: Uhl+Massopust, Aalen
Gesetzt aus der Tisa Pro
Druck und Bindung: Druckerei C. H. Beck, Nördlingen
Printed in Germany · ISBN 978-3-423-22032-3

Dieses Buch ist voller Fakten und Fiktion. Manches ist mir passiert, manches Bekannten von mir, manches meinen Fantasiefreundinnen.

Sicher ist aber, dass alles passiert ist.

Davon erzähle ich ehrlich und direkt. Ich rede viel über Sex und benutze dabei auch unanständige Wörter.

So. Jetzt bist du gewarnt.

INHALT

VOR(SPIEL)WORT

Eine Frau liegt mit einem Mann im Bett. Sie küssen sich. Die Hand des Mannes streicht zart, aber zielbewusst über die Brust der Frau. Die eine Hand der Frau streichelt die Wange des Mannes, die andere gleitet langsam an seinem nackten Bauch nach unten. Es ist das erste Mal, dass sie es wagen, sich so nahe zu kommen.

Der Mann ist extrem erregt, denn er hat lange auf diesen Moment gewartet. Er atmet jetzt schwer und flüstert der Frau ins Ohr:

»Ich will dich.«

»Ich dich auch«, erwidert die Frau.

Und dann sagt sie:

»Aber ich kriege bald meine Tage und dann habe ich immer so einen Tröpfelausfluss. Also kein Blut oder so. Oder doch. Aber braun halt. Außerdem hatte ich gerade erst 'nen Pilz.«

WIE ALLES ANFING

Ich hatte sieben Jahre lang eine Beziehung. Es war die erste richtige Beziehung meines Lebens. Sie fing an, als ich eine kleine Gymnasiastin war, aber schon glaubte, erwachsen zu sein und alles über die Welt zu wissen. Ich wohnte noch zu Hause, wo alles in Scherben lag und mir meine Eltern vorlebten, dass Beziehungen scheitern, dass man Liebe nicht zeigt, dass man den anderen nicht anfasst und dass man über nichts redet – außer brüllend. Ich verliebte mich in meinen Teddybären, in einen wunderbar sympathischen Jungen. Aber leider war er wie mein Vater, der immer dichtmachte, wenn es wichtig gewesen wäre, zu reden. Und ich fing an, mich wie meine Mutter zu benehmen, die genau dann redete, wenn es wichtig gewesen wäre, zu schweigen. Ich bekam eine Beziehung, die so war, wie ich es von zu Hause kannte; genauer gesagt sorgte ich dafür, dass sie so wurde, weil ich dachte, Beziehungen sind eben so.

Wir liebten uns trotzdem. Wir respektierten uns – jedenfalls, wenn wir nicht gerade schmollten oder stritten. Der Sex lief routiniert ab. Er leckte mich, und ich kam. Dann nahm ich ihn in den Mund, und bevor er kam, penetrierte er mich in ein paar verschiedenen Stellungen. Ab und zu versuchte ich die Routine zu stören und etwas Wildes zu tun, zum Beispiel die Unterhose unterm Rock wegzulassen, wenn wir spazieren gingen, aber er traute sich nicht, mich im Wald zu vögeln. Er hatte Angst, dass uns jemand sieht. Ich hätte am liebsten überall gevögelt, sämtliche Gesetze gebrochen, jede Sauerei getan. Er nicht.

Ich glaubte, dass Beziehungen nun mal so sind. Dass es sich so gehört.

Alle paar Jahre dachten mein Teddybär und ich über Trennung nach, aber am Ende trauten wir uns dann doch nicht. An der Schwelle zum Erwachsenwerden brauchten wir uns gegenseitig, so unsicher, wie wir in allem waren. Und ich ging davon aus, dass man in einer Beziehung nun einmal nicht besonders glücklich wurde. Ich glaubte, es gehört dazu, dass man mit drei Metern Abstand voneinander auf der Couch sitzt und nicht Händchen hält. Dass man sich in der Öffentlichkeit nicht küsst und eigentlich auch sonst nirgendwo. Man sieht schweigend fern, und wenn der eine zum Kühlschrank geht, bringt er dem anderen nichts mit, weil der ja schließlich selber gehen kann.

Wir waren keine schlechten Menschen, ich, mein Teddybär, mein Vater und meine Mutter. Wir waren auch nicht vom Teufel besessen. Wenn überraschend eine schwierige Situation eintrat, fing niemand von uns an, zu sabbern und über dem Bett zu schweben, während ein Pfarrer das Vaterunser schrie. Aber wenn die falschen Menschen eine Beziehung miteinander haben, ist das wie eine Dampfwalze, die einen steilen Hang hinunterrollt und alles plattmacht, was man aufgebaut hat. Und viel zu oft kapiert man dabei selbst nicht, was passiert. Man denkt nur, wir werden das schon schaffen. Man vergisst, dass sich eine

Beziehung nicht anfühlen soll, als würde man zusammen kämpfen, sich mit blutigem Rücken schinden, schweißgebadet schuften, mit Blasen an den Händen und Muskelkater in den Beinen. Eine Beziehung soll keine Schlacht sein, in der sich zwei Menschen mit gezogenem Schwert gegenüberstehen und beide gewinnen wollen. Solche Beziehungen machen müde. Und wenn man müde ist, hat man schlechte Laune. Dann kann man sich nicht mehr benehmen, sondern ist gereizt und keift den anderen an. Und wenn man nicht mehr sieht, was man an sich selbst verbessern könnte, läuft alles wirklich übelst schief.

Jahre nach unserer Trennung ging mir auf, welche Bedeutung mein Teddybär für mein Leben gehabt hatte. Er war für mich wirklich wie ein großes Plüschtier, an das ich mich immer kuscheln durfte und dem ich alles sagen konnte, was ich dachte. Er war mein Schutz, aber eben stumm wie ein Plüschtier. Er antwortete nicht. Er war bloß da. Saß auf seinem Stammplatz auf dem Bettrand und hinterließ nach sieben Jahren den Abdruck seines Hinterns in der Matratze.

In diesen sieben Jahren frustrierte mich mein stummes Plüschtier immer mehr. Ich wurde zur Furie und riss meinem Teddy die gesamte Füllung heraus.

Man könnte glauben, die Trennung hätte mich kaputt gemacht, weil wir so lange zusammen gewesen waren. Aber es war nicht ganz so. Ich war nämlich schon *vor* der Trennung kaputt, als ich plötzlich begriff, dass unsere Beziehung nicht funktionierte und ich das laut sagen musste. Dass ich gezwungen war, meinem wunderbaren

Teddybären das Herz zu brechen. Denn das war und ist die größte Angst meines Lebens: dass ich einen anderen verletze. Die zweitgrößte Angst besteht darin, dass ich mich selbst verletze, weil ich nicht auf das höre, was mein Inneres mir zu sagen versucht.

Aber um uns beide zu retten und dazu beizutragen, dass wir beide irgendwann wieder glücklich werden konnten, musste ich trotz meiner Ängste aussprechen, dass es mit uns nicht funktionierte. (Inzwischen bin ich seit fünf Jahren Single und er ist seit vier Jahren glücklich mit jemandem zusammen.) Ich wäre in dieser Beziehung verrückt geworden. Jeden Tag hätte ich mehr gejammert, gemeckert, gemotzt und gezickt, denn ich hätte meinen Teddybären ändern wollen. Ich hätte ihn leiden lassen. Ihm bei jeder Gelegenheit Vorwürfe gemacht: Abwasch, Putzen, Fahrtrouten, Termine, Hundetraining und sonstiges banales Zeug. (Tatsächlich praktizierte ich das längst jeden Tag – außer wenn er nicht zu Hause war.)

Ein einziger Abend öffnete mir die Augen dafür, dass wir nicht zusammenpassten. Zwei Wochen danach hatte ich die Trennung klar im Kopf. Was war passiert?

Ein anderer Mann war passiert. Pasi hieß er. Ich lernte ihn bei einem Konzert von CMX im *Tavastia* kennen. Wir verbrachten den Abend zusammen und auch noch den Katertag danach.

Wir lachten.

Es kam mir so vor, als hätte ich mein ganzes Leben lang nicht so viel gelacht. Seit Langem hatte ich das Gefühl, ich selbst zu sein.

In diesen vierundzwanzig Stunden passierte eigentlich nicht besonders viel zwischen uns, schließlich hatte ich ja noch eine Beziehung. Umarmen war unser engster physischer Kontakt, aber auf geistiger Ebene sprühten die Funken und loderte es. Dieser Mann gab mir das Gefühl, zum ersten Mal zu atmen, aus der Vagina zu kriechen und zu plärren, zu brüllen und zu schreien.

»Du hast viele Muttermale«, sagte Pasi, und ich schob schüchtern seine Hand von meiner, denn ich hasste die Dinger. »Die sind süß«, meinte er und sah mir lächelnd ins rote Gesicht. Mir schmolz das Herz, denn ich hatte so ein Kompliment noch nie gehört. Ich hatte überhaupt noch keine Komplimente gehört. Nie zuvor hatte ich mich sexy oder süß gefühlt.

Innerhalb von vierundzwanzig Stunden änderte sich alles in meinem Kopf. Einerseits hatte ich Angst, aber gleichzeitig fühlte ich mich unheimlich leicht. Da wusste ich, dass mein Teddybär und ich uns trennen mussten.

Pasi half mir, zu verstehen, wer ich bin, was gut an mir ist und warum ich mich trennen musste. Er brachte mich auch dazu, zu sehen, dass es zwei Arten von Zuneigung gibt: ruhige Freundschaft, wie ich sie mit meinem Teddybären hatte, und wilde Lust und Raserei, wie ich sie mit Pasi hatte. Und auch wenn meine Beziehung mit Pasi unklar blieb, nenne ich sie trotzdem Liebe. Denn es spielt keine Rolle, welche von beiden Lieben »besser« ist. Entscheidend ist, wer ich bei den unterschiedlichen Gefühlen und Menschen jeweils war.

Am Ende waren mein Teddybär und ich uns über die Trennung einig, auch wenn er gern weitergemacht hätte – zwangsläufig. Denn der Traum seines gesamten restlichen Lebens bestand darin, mir morgens einen Kaffee zu machen, obwohl ich ihn nie anrührte. Mein Teddybär wollte den Gang rausnehmen und alles lassen, wie es war, ich wollte Bewegung und Veränderung. Er ging den Weg, den er kannte, ich entschied mich immer für denjenigen, auf dem die Sonne schien.

Ich heulte. Wir heulten zusammen. Wir heulten Arm in Arm und jeder für sich. Ich heulte bei der Arbeit und rief meine Mutter an, den Menschen, der mich am besten kannte, und fragte sie, was man tun kann, wenn man die ganze Zeit heulen muss. Wir hatten so viel für unsere Beziehung gearbeitet. Ich hatte versucht, meinem Teddybären Ratschläge zu geben, ihm von meinen Gefühlen erzählt, ihm beigebracht, mich zu verstehen. Wir arbeiteten seit Jahren miteinander daran. Wir wollten nicht aufgeben, aber er machte trotzdem mit dem hoffungsvollen Kaffeekochen weiter, und ich zog mir schon die Jacke an, bevor der Kaffee fertig war.

»Ach, mein Schatz, eine Beziehung soll sich doch nicht wie Arbeit anfühlen«, sagte meine Mutter.

Und das genügte. Wenn jemand etwas über Beziehung und Arbeit wusste, dann sie. Meine gesamte Jugend hindurch hatte ich die zerstrittene Ehe meiner Eltern mitverfolgt. Bis sie schließlich mit der Scheidung endete – zum Glück, denn heute sind beide in neuen, ausgeglichenen Beziehungen glücklich.

Auf andere Menschen hätte ich bei diesem Thema nicht gehört. Ich hätte ihre Ratschläge in den Mülleimer mit den sonstigen Trostworten geworfen, ab und zu einen herausgenommen, kurz hin und her gedreht und mich dann entschieden, dass ich diesen Rat nicht will. *Um mich bloß nicht trennen zu müssen.*

Durch die Ehe meiner Eltern aber lernte ich, wie wichtig es sein kann, sich zu trennen, anstatt zusammen durchzuhalten, obwohl es beiden dabei nicht gut geht. Andererseits verstehe ich auch, warum vielen der Gedanke an Trennung Angst macht. Schließlich hatte ich selbst jahrelang nur damit gespielt, bevor ich es wagte, wirklich aktiv zu werden. Aber meine Angst war unnötig gewesen. Die Trennung machte es möglich, dass ich nach dem Heulen wieder lächeln konnte.

Steckt man mitten im Trennungsprozess, kann man nur schwer glauben, dass nach all der Traurigkeit wieder etwas Gutes kommen wird. Aber wenn man keine Angst davor hat, sich zu trennen, ist auch nie genügend Zuneigung da gewesen.

Im Augenblick der Trennung fühlt man sich immer scheiße, aber das ist nur ein Gefühl und geht vorbei. Wenn große Dinge in Bewegung geraten, bebt nun mal die Erde. Trotzdem ist eine Trennung nicht der Tod.

Die schlechte Nachricht lautet: Nichts währt ewig. Die gute Nachricht lautet: Nichts währt ewig.

Weil es uns beiden im Moment der Trennung schrecklich ging, verhielten wir uns wie die meisten anderen. Wir vereinbarten, dass wir vorerst in getrennte Wohnungen ziehen. Wir wussten, dass diese Abmachung als Rettungsring gedacht war, mit dem man es ans Ufer schafft, wenn man plötzlich alleine strampeln muss. Wir brauchten den Gedanken, ein bisschen auf Abstand zu gehen und dann zu sehen, was kommt. In Wirklichkeit drehten wir uns beide kein einziges Mal mehr um.

Nach der Entscheidung, uns zu trennen, waren wir nicht mehr wütend aufeinander, sondern nur noch kalt und distanziert. Diese Gefühle müssen sein, damit man voneinander loskommt. Ansonsten befänden wir uns noch immer in derselben Situation, und ich würde weiterhin vor Wut meinem Teddybären die Füllung herausreißen und hoffen, dass alles irgendwann doch noch einmal besser wird.

Wut und Zorn geben einem den Mut, vom *Wir* loszukommen. Vom ewigen Wir. Vorne und hinten immer nur wir. Wenn man komplett im *Wir* untergeht, verliert man sich am Ende selbst.

Also saßen wir an Silvester, als die Raketen am Himmel knallten, Arm in Arm zu Hause, heulten – und trennten uns.

Nach unserer Trennung wohnte ich noch zwei Monate mit meinem Teddy unter einem Dach, denn wir mussten beide eine Wohnung finden. Unser Verhältnis war distanziert. Wir redeten nur über das Nötigste: übers Essen, über die Aufteilung der Sachen und darüber, wer mit den Hunden rausgeht. Mit dem Sex war es schon vor unserer Trennung vorbei gewesen, und wir schliefen mit größtmöglichem Abstand in unserem gemeinsamen Bett. Allerdings hatten wir das auch getan, als wir noch zusammen gewesen waren.

Abends chattete ich mit Pasi. Ich schickte ihm ununterbrochen Smileys, obwohl ich seine Witze nicht einmal kapierte. Das spielt keine Rolle, wenn man verknallt ist. Außerdem ist der Witz im Eimer, wenn man ihn erklärt, also ist künstliches Smilen das Beste, was man dem anderen in so einem Fall bieten kann. Ich dachte an keinem Punkt, mich wegen ihm getrennt zu haben oder mit ihm zusammen sein zu wollen. Ich begriff nur, dass ich meine Beziehung durch ihn in neuem Licht gesehen hatte. Ich war unglücklich und glücklich zugleich. Ich spürte, dass sich die Dinge allmählich regelten und dass es in die richtige Richtung ging.

Auch wenn ich mich nicht wegen Pasi trennte, sah ich uns als Stars in einem romantischen Film, die sich nach jeder Menge Hindernissen in der Schlussszene kriegen. Im Nachhinein betrachtet muss ich sagen, dass Liebesfilme und Disney-Märchen wesentlich gefährlicher sind als Kriegsspiele. Junge Mädchen träumen ihr Leben lang vom Märchenprinzen und von einem Leben, das es nur zwischen Buchdeckeln gibt. Kein wirklicher Mensch kann so eine Märchenprinz-Rolle ausfüllen.

Ich verarschte mich jedenfalls selbst und lebte im Grenzgebiet von Prinzenträumen und Realität. Ich redete mir ein, dass ich Pasi gar nicht will, dass Pasi nur ein Mann unter vielen ist. Aber meine Liebesträume hatten bei ihm Wurzeln geschlagen. Ich dachte, er ist mein Retter, denn mit seiner Hilfe waren mir die Augen aufgegangen. Gleichzeitig stellte ich mir vor, dass der Retter nun für den Rest meines Lebens wachsam an meiner Seite bleiben müsse. Aber dieser Gedanke ist ebenso unsinnig, wie einen Sanitäter zu stalken, der einen aus dem Eis gezogen hat. »Die Sache ist die, mein lieber Sanitäter, dass wir heiraten müssen, weil du mich nun mal gerettet hast.« So läuft das nicht.

Aber damals hielt ich es für einen völlig vernünftigen Gedanken. Vor allem als ich auch noch anfing, die Zeichen zu lesen, die mir das Universum sendete: Pasi und ich hatten nicht nur exakt die gleichen Vorhänge, sondern auch Playlists mit den gleichen Namen, außerdem dieselbe Lieblingsserie, und wir liefen uns lustigerweise immer genau dann in der Stadt über den Weg, wenn ich gerade an ihn dachte.

Wenn man es nur fest genug will, entdeckt man um sich herum alle möglichen Zeichen, die einen genau in den Dingen bestätigen, bei denen man unsicher ist. Ein selbstsicherer Mensch muss nicht versuchen, ständig irgendetwas zu lesen und zu interpretieren.

Schließlich trug ich meine Yucca-Palme und meine Hunde in mein neues Studentenapartment. Sofort schickte ich Pasi eine Nachricht, ob er vorbeikommen könne. Er vergaß zu antworten.

»So ist Pasi nun mal«, meinte ich zuerst lachend zu mir selbst und weihte anschließend meine jungfräuliche Wohnung mit dem ersten Heulen ein, denn ich hatte mit gemeinsamen Stunden gerechnet und mir dafür extra die Schamhaare rasiert.

Dann fing ein völlig neues Leben an. Anders und beängstigend, spannend und beklemmend, quälend und frustrierend, glücklich und fröhlich – die bis dahin lehrreichste und wichtigste Zeit meines Lebens: das Singledasein.

DAS DURCHDREHEN NACH DER TRENNUNG

Nach einer Trennung können drei Dinge passieren. Entweder man dreht wegen eines neuen Menschen total durch und stürzt sich mit ihm in eine neue Beziehung. Oder man dreht einfach so durch und fängt an, zu feiern und sich gehen zu lassen. Oder aber man dreht überhaupt nicht durch, sondern fängt an, seine Gefühle zu verarbeiten und sich weiterzuentwickeln.

Ich drehte wegen Pasi durch. Aber der Grund dafür lag nicht bei Pasi, sondern bei mir. Wenn man plötzlich merkt, dass man nackt in der Kälte steht, ist die logische Reaktion, ins nächste Haus zu rennen, um sich aufzuwärmen. Pasi war für mich das nächste Haus. Und ziemlich oft hängt es vom Zufall ab, ob in dem Haus ein freundlicher, verständnisvoller Hausherr wohnt oder einer, der ebenfalls nackt durch die Gegend rennt. Mit anderen Worten: Kann aus der neuen Beziehung etwas werden, wenn der andere ebenfalls total aus der Spur ist?

Die Geschichte mit Pasi dauerte insgesamt sechs Monate und sieben Tage (jedenfalls nach meinem Zähler, den ich sofort nach unserem ersten Kuss in Gang setzte, was Pasi aber nicht bewusst war und ihn auch nicht interessierte, denn seiner Meinung nach waren wir gar nicht zusammen).

»Ich weiß nicht, was ich will. Vielleicht sollten wir bloß Freunde sein«, sagte er oft zu mir.

»Wie kommst du darauf, dass ich mit dir zusammen sein möchte?«, meinte ich lachend. »Von mir aus können wir Freunde sein.«

Dann verführte ich ihn, worauf er frustriert nach Hause ging. Ich bildete mir ein, gewonnen zu haben, und dachte, dass ich immer mehr Macht über ihn gewinne. Ich dachte, vielleicht geht unsere Freundschaft auf diese Art ganz natürlich in die Ehe über. Meinen Freundinnen gegenüber gab ich das nicht zu. Ihnen sagte ich, wir sind bloß Freunde, die ficken.

Pasi war die erste große verrückte Liebe meines Lebens, die ich nicht bekommen und die ich *angeblich* nicht einmal gewollt habe. Meiner Meinung nach ist es absolut nicht unlogisch, dass ich nicht mit ihm zusammen sein wollte, aber trotzdem an ihm hing wie ein benutztes, feuchtes Stück Klopapier am Fuß.

Eine Freundin, die seit zehn Jahren in einer einzigen Beziehung gewesen war, fragte mich einmal, wieso ich behauptete, mich erst mit fünfundzwanzig richtig verliebt zu haben, wo ich zuvor doch schon eine Beziehung gehabt hatte. Und ich versuchte ihr zu erklären, ohne ihre lange Beziehung zu beleidigen, in der gestritten wurde, weil der eine ein falsches Weihnachtsgeschenk gekauft hatte, dass das jetzt eben eine andere Art von Liebe sei. Pasi und ich waren Menschen mit starkem Willen, die keinen Millimeter nachgaben, aber diese Eigenschaften auch am anderen liebten. Daraus entstand das Durchdrehen. Dadurch kam es zu Tränen und lustvollen Nächten. Und dadurch kam es letztlich dazu, dass wir nach unserer Beziehung absolut keinen Kontakt mehr miteinander hatten. Anders als mit meinem Teddybären, der nach wie vor ein guter Freund von mir ist.

Wo mein Teddybär in traurigen Nächten ein Plüschtier für mich war, das ich umarmte und das mich immer, wenn ich es brauchte, festhielt, da zog mir Pasi die Beine weg und brannte mir in jeder einzelnen Sekunde unter der Haut. Mit Pasi änderte sich meine sexuelle Identität. Ich entpuppte mich wieder als Frau mit Verlangen, die sämtliche Unanständigkeiten mit ihm machen wollte, die noch den kleinsten Spermatropfen schlucken und ihm ihren Körper ganz und gar überlassen wollte. All das war völlig neu für mich. Und auch wenn ich nach dem Ende unserer Geschichte jahrelang völlig fertig war, möchte ich die Erfahrung gegen nichts tauschen, denn endlich verstand ich, wovon all die Liebeslieder handeln und warum sich Anna Karenina vor einen Zug geworfen hatte. Verrückte Liebe ist beklemmend, aber so stark, dass ich mich als alte Frau mit dem Schlauch meines Tropfs aufhängen würde, wenn ich gezwungen wäre, mir neidisch die Geschichten meiner Bettnachbarin von solchen Abenteuern anzuhören und mir selbst alles nur vorstellen zu können.

Durch Pasi habe ich aufgehört, männlichen Strumpfschweiß zu verabscheuen. Oder sauer zu sein, weil er vergaß, Brot zu kaufen, oder weil er den Verputz von der Wand schnarchte und ich nicht einschlafen konnte. Er war so niedlich, wenn sich beim Ausatmen kleine Speichelbläschen in seinem Mundwinkel bildeten.

Die Freundin mit der dauerhaften Beziehung ärgerte

sich über meine Erklärungen und wies mir nach, dass ihre Beziehung gut war, obwohl es dabei nie so verrückt zugegangen war. Sie kapierte nicht, dass ich gar nicht über sie sprach, sondern über mich. Außerdem dachte ich nie, dass so eine Liebe dauerhaft oder einfach sein würde. Ich beteuerte, dass es auf keinen Fall richtige Liebe war. Pasi löste in mir einfach ein total fantastisches (und beklemmendes) Gefühl aus.

Meine Freundin entspannte sich dadurch ein bisschen, aber ich hörte erst ein Jahr später wieder etwas von ihr. Da war sie kurz davor, zu heiraten, nachdem sie ihren Mann gezwungen hatte, um ihre Hand anzuhalten. Er wollte eigentlich weder Hochzeit noch Ehe, willigte nach ihrer ermüdenden Fragerei aber schließlich ein. Ich war natürlich irrsinnig glücklich über ihre Pläne und hoffte wirklich, dass sich bei ihnen alles zum Besten fügte und die Ehe nicht nur ein verzweifelter Versuch wäre, eine tote Beziehung zu retten. Eine Einladung zur Hochzeit bekam ich nicht, aber ich weiß, dass sie noch immer zusammen sind.

Erst als der Fall Pasi nach allem Hin und Her endgültig scheiterte, ging ich in meiner postbeziehungstechnischen Handlungsweise zu Level 2 über, fing also an, zu feiern und mich gehen zu lassen. Gleichzeitig kaufte ich mir die ersten echten Laufschuhe meines Lebens und begab mich im Bemühen um einen langsamen Tod auf den Joggingpfad.

Bis dahin war ich in meinem ganzen Leben noch keinen Meter gerannt, aber mit der Kraft der miesen Laune, der Trauer und der Wut keuchte ich mich halbtot über einen Kilometer. Voll Stoff. Weiter konnte ich nicht, aber seit langer Zeit hatte ich wieder einmal das Gefühl, bei mir zu sein. In allen anderen Momenten grübelte ich darüber nach, was ich verloren hatte, und war fest davon überzeugt, dass ich nun für immer allein bleiben würde.

Zweimal die Woche rannte ich mich auf der Kilometerrunde beinahe sargreif, denn nur dabei gelang es mir, nicht an Pasi zu denken. Ich rannte, weil ich meinen Kopf zusammenhalten wollte, nicht meinen Arsch, denn das bringt kein Glück. Der Arsch ist am Ende doch nichts anderes als zwei hubbelige Wölbungen, zwischen denen Scheiße rauskommt. Und diese Produktion von Scheiße hört nie auf – im Gegensatz zu den Ausscheidungen im Kopf, die man verarbeiten und schließlich auf ein Minimum reduzieren und sogar in verdauliche Form bringen kann.

DER SPIEGELVERGLEICH

Warum klammerte ich mich ausgerechnet an Pasi? Weil ich mich mit seiner Hilfe zum ersten Mal richtig selbst sah.

Menschen sind wie Spiegel. Die einen sind Puzzlespiegel, die anderen Ganzkörperspiegel. Puzzlespiegel entstehen so: Von jedem Menschen, dem man im Leben begegnet, erhält man einen kleinen Spiegelaufkleber. Am Ende jedes Tages halten wir also alle ein paar davon in der Hand. Einen Teil der Spiegel haben wir von Freundinnen und Bekannten bekommen, denn die geben im Lauf des Lebens viele davon her, ein anderer Teil wiederum stammt zum Beispiel von einem fremden Sitznachbarn im Bus. Abends werden die Spiegelteile zu Hause an die Wand geklebt, denn am Ende wollen wir alle schrecklich gerne wissen, was für ein Bild zu sehen ist.

Von manchen Typen bekommt man einen Aufkleber in Postkartengröße. Die sind wertvoller als die anderen, weil man darin ein bisschen mehr auf einmal sieht. Aber von denen erhält man im Lauf seines Lebens nur wenige, vielleicht zwanzig Stück. (Ich habe so einen zum Beispiel von meinen Eltern, von meinem Teddybären und von meiner besten Freundin bekommen.)

Mit den Jahren sammeln sich so viele Aufkleber an, dass an der Wand ein großer, prächtiger, aber unterbrochener und uneinheitlicher Spiegel entsteht. Er spiegelt nicht unbedingt wahnsinnig deutlich, aber doch gut genug. Es macht Spaß, darin immer mal wieder einen Blick auf sich zu werfen und von Jahr zu Jahr ein Stück mehr zu sehen.

Ist man dann selbst alt und runzlig, ist der Spiegel fast fertig. Aber nur fast, denn es hat Zeiten gegeben, in denen man einen Teil der Aufkleber heruntergerissen hat, weil man nicht sehen wollte, was sie zeigten. Außerdem hat man nicht einmal alle Teile hingeklebt, weil einem die Leute, von denen man sie hatte, aus irgendeinem Grund auf die Nerven gegangen sind. Einige Aufkleber sind verschwunden, andere milchig geworden. Manche auch von selbst heruntergefallen.

Theoretisch müsste man sich als alter Mensch fast ganz sehen können, aber leider ist man dann schon so blind, dass man die Altenpflegerin nicht von der Gardine unterscheiden kann, sodass man sich am Ende niemals richtig sieht.

Spannend ist es trotzdem, seinen Spiegel zusammenzusetzen, sein eigenes Spiegelbild. Wenn sich Stück für Stück herausstellt, was für ein sonderbares Wesen einen da anschaut. Ganz besonders großartig ist es, wenn man nach und nach lernt, dass man selbst Einfluss auf das Spiegelbild nehmen kann. Denn wenn man einen Spiegel anlächelt, lächelt er zurück.

Manche Menschen sind jedoch Ganzkörperspiegel, die mehr zeigen, als viele wissen möchten: den nackten Körper, auch wenn man Kleider anhat. Als Ganzkörperspiegel fungieren Menschen, für die man starke Gefühle hat. Aber in so einen Spiegel zu schauen, erfordert

Mut. Man muss sich öffnen und man muss zuhören, anstatt zu reden. Lockeres Plaudern reicht nicht, sondern es braucht Vertrauen in den anderen und die echte Entblößung des eigenen Ichs.

Ich habe mich am deutlichsten immer durch Männer gesehen, vielleicht ein bisschen zu sehr.

Eine kleine Verknalltheit kann wie ein Handspiegel sein, aber Pasi war ein Ganzkörperspiegel für mich, einer, wie ich ihn noch nie zuvor gesehen hatte und in dem ich schüchtern nach mir schielte. Das soll ich sein? Ich war fünfundzwanzig und betrachtete mich zum ersten Mal. Pasis Ganzkörperspiegel-Eigenschaft begriff ich gleich als wir uns kennenlernten, denn er zog mich an wie ein kostenloses Büffet. Was ich da sah, interessierte mich so sehr, dass ich nicht mehr zu meinem Teddybären zurückkehren konnte.

Mein Teddy war für mich wie ein Badezimmerspiegel gewesen, so ein alltäglicher, mit Zahnpastaflecken und fahlem Licht, vor dem ich mein Make-up ausbesserte und mir die Haare richtete. Obwohl mich mein Teddybär liebte und achtete, konnte ich mich nicht sehen, denn ein Badezimmerspiegel ist voller Spritzer von ausgedrückten Pickeln und Haarspray, und man sieht darin nur den Oberkörper. Ich sah nicht, dass ich nie ganz auf eigenen Beinen gestanden hatte. Immer war ich innerlich mit jemandem zusammen gewesen, ob es nun meine Eltern waren oder mein Teddy.

Ich hatte mir nicht vorgestellt, sofort nackt in Pasis Bett zu springen, schließlich hatte ich bis dahin erst mit einem Menschen, den ich durch und durch kannte, Sex gehabt. Pasi kannte ich nicht, und darum hatte ich Angst, beim Sex mit ihm in Scherben zu gehen. Vielleicht hatte ich Angst vor der Ganzkörperspiegelung: dass ich zu viel sehe und über meine Sexualität etwas lerne, von dem ich gar nicht wusste, dass es existiert. Ich war unsicher und kannte mich selbst nicht, geschweige denn meine Sexualität.

Während meiner langen Beziehung hatte ich mich gefragt, warum ich als geiler Teenager mal mit einer Banane, mal mit dem Stiel der Aufgusskelle und besonders oft mit dem Massagegerät masturbierte, aber innerhalb der Beziehung total lustlos war und Schwierigkeiten hatte, einen Orgasmus zu bekommen. Als ich Pasi kennenlernte, begriff ich, dass ich mit meinem Teddybären nie echte Lust erlebt hatte.

Schlussendlich ergab ich mich natürlich Pasis starken Armen. Und nichts in mir ist dadurch zerbrochen. Dadurch lernte ich, dass ich Sex wahnsinnig genießen und dabei etwas empfinden konnte, von dem ich bis dahin nur geträumt hatte. Da blickte ich zum ersten Mal in den Ganzkörperspiegel und machte den ersten Schritt in einen Zustand, in dem ich mich selbst liebte und so akzeptierte, wie ich war.

Als ich am Ende den Pasi-Spiegel zerschlug, sah ich in den Scherben mein weinendes Spiegelbild. Mit rotzverschmierten Fingern hob ich eine der Scherben vom Fußboden auf und schrieb mit schwarzem Filzstift darauf: »Drecksau.«

Fast zwei Jahre lang erinnerte mich diese Spiegelscherbe daran, wie verbittert ich war, insbesondere darüber, dass ich nicht bekommen hatte, was ich wollte. Eines Tages kapierte ich, dass ich den »Drecksau«-Text voller Zorn und mit Tränen in den Augen zu lange anstarrte und mir damit nur selbst schadete. Ich hätte den Spiegel von Anfang an an der Wand befestigen und den Anblick akzeptieren können. Denn auf Pasis diverse Abenteuer hatte es keinen Einfluss, dass ich ihn hasste. Ich musste ja mich selbst anschauen.

Darum sollte man bei Spiegeln vorsichtig sein. Man kann mit ihnen nämlich sein Glück zerstören. Man kann es aber auch verdoppeln, wenn man es versteht, zärtlich und liebevoll zu sein. Außerdem sollte man gnädig mit sich sein und akzeptieren, dass einen an manchen Tagen aus dem Spiegel der Arsch eines Raubvogels anglotzt und dass das dann kein Vogel ist, sondern die eigene Visage. Das gehört zum Leben und macht alles wesentlich spannender.

AUSFLIPPEN

Auszuflippen ist eine Gefühlsreaktion, die von einem Objekt des Entzückens ausgelöst wird und von der Ausflippenden nicht kontrolliert werden kann. Symptome des Ausflippens sind Stalken, zwanghaftes Texten an das Objekt und das Ausmalen monströser Fantasieängste. Oft ist das Stalken der Hauptgrund für das Entstehen solcher Monstergedanken, die unter anderem aus den Schlussfolgerungen resultieren, dass der andere, wenn er NICHT am Handy oder in den sozialen Medien erreichbar ist, höchstwahrscheinlich gerade unfassbar wilden und tabulosen Sex mit zahlreichen tollen Menschen hat.

Als erstes Anzeichen fürs Ausflippen kann man den Umstand nehmen, dass die Flipperin allein durch das Stalken sämtliche Exen, Freunde, Verwandte plus die Haustiere der Verwandten und von all diesen auch noch die Adressen und die Art, auf die sie den letzten Sommerurlaub verbracht haben, kennt. Die Sozialversicherungsnummer des Objekts nimmt die Flipperin als neues Passwort für ihr Handy.

Jeder verknallte Mensch flippt in einem gewissen Maß aus, denn das gehört zur Diagnose des Verknalltseins, aber wenn das Ausflippen ausartet, fühlt sich das Objekt des Entzückens vom Verhalten der Flipperin bedrängt. In diesem Stadium kapiert die Flipperin nicht, dass sie den anderen durch ihr Benehmen von sich wegschiebt. Sie glaubt nämlich, dass es das Objekt schön findet, wenn man ihm zum Beispiel dreißig Textnachrichten hintereinander schickt. Lustige Nachrichten. Einfach so.

Im Extrembereich des Ausflippens befindet man sich, wenn man dem Objekt seines Entzückens folgende Nachricht schreibt: »Warum antwortest du nicht, du hast meine Nachricht doch gelesen.« Üblicherweise schickt man das innerhalb von weniger als vierundzwanzig Stunden nach der ursprünglichen Nachricht, weshalb das Objekt vielleicht noch gar nicht den Entschluss gefasst hat, nicht zu antworten, sondern die Nachricht erst mal verdauen muss. Die »Warum antwortest du nicht«-Nachricht macht das Objekt total fertig. Die Flipperin hingegen glaubt, »offen, witzig und ehrlich« zu sein.

In diesem Stadium bucht das Objekt höchstwahrscheinlich bereits einen Flug ins Weltall und verschwindet in Form von Sternenstaub. Die Flipperin heult, weil sie jetzt ganz bestimmt die Liebe ihres Lebens verloren hat, und begreift nicht, dass es die gar nicht gegeben hat.

Das Wichtigste am Heilungsprozess ist, dass die Flipperin später kapiert, bedrängend gewesen zu sein, und deswegen zukünftig anderen Flipperinnen aus dem Weg geht und es versteht, sich selbst nicht mehr wie eine zu benehmen.

An dieser Stelle dürfte auch unausgesprochen klar sein, dass ich wegen Pasi ausgeflippt bin. Aber weil ich aus langsam reifendem Material bestehe, musste ich zwei Total-Flips und einige Semi-Ausraster erleben, bevor ich lernte, mein Verhalten zu kontrollieren, und verstand:

Auch wenn man das Gefühl hat, verknallt zu sein, muss man nicht automatisch aktiv werden. Selbst wenn man Lust hat, eine »Warum antwortest du nicht«-Nachricht abzusetzen, sollte man es auf keinen Fall tun.

Das Ausflippen dürfte der Grund dafür sein, warum es mit Pasi nie funktioniert hat. Mir fehlte die Geduld, abzuwarten, bis sich meine eigenen Gefühle gelegt hatten, um wirklich zu kapieren, was ich über all das dachte.

DAS KLAMMERN UND DIE HALBJAHRESREGEL

Auch wenn man noch so verknallt oder verliebt ist, ist es nicht fair, zu dicht auf den anderen aufzufahren. Man muss nicht alles wissen, was der andere tut, und man muss auch nicht immer interessiert-skeptisch schauen, wenn sein Handy piepst. Ein solches Klammern erstickt schnell beide. Leider fällt es vielen Menschen irrsinnig schwer, den Rückwärtsgang einzulegen und dem anderen Raum zu geben. Für Leute, die klammern, ist es extrem schwierig, eine ausgeglichene und glückliche Beziehung hinzukriegen.

Ich war auch so eine. Ich wartete darauf, dass mich jemand glücklich macht. Weil ich immer so gelebt hatte, hing ich auf exakt die gleiche Art an Pasis Hosenbein. Ich schickte ihm pausenlos Nachrichten, wollte ihn die ganze Zeit sehen und erwartete, dass er es auch wollte und Sehnsucht nach mir hatte. Einmal regte ich mich auf und fragte ihn, warum er lieber mit seinen Kumpels auf den Putz haut, anstatt mit mir in Löffelchenstellung zu kuscheln.

»Warum willst du nicht mit mir zusammen sein? Warum willst du nicht, dass es mir gut geht und ich glücklich bin?«, fragte ich ihn beleidigt am Telefon.

»So geht das nicht«, antwortete Pasi traurig. »Mach irgendwas Schönes, und du bist glücklich.«

Wir schwiegen lange, dann drückte ich ihn demonstrativ weg. Ich wusste nicht, was ich damit demonstrieren wollte und was es für einen Zweck hatte, aber aus irgendeinem Grund meinte ich mich so verhalten zu müssen.

Ich war eine Last für ihn und eine Fessel an seinem Fußgelenk. Niemand will eine wahnsinnige Tussi an seiner Seite haben, die sich nicht liebt und sich nicht achtet. So etwas sollte man keinem aufbürden, dass man sagt: Deine Aufgabe besteht darin, für mich alles auf der ganzen Welt zu sein und mich glücklich zu machen.

Wobei sich allerdings auch Pasi mir gegenüber keineswegs respektvoll verhielt. Wäre ich selbstsicherer gewesen, wäre ich auf so einen Mann gar nicht erst reingefallen. Pasi lebte damals in einer Phase, in der die Kumpels sein Ein und Alles waren. Frauen wurden ein bisschen gedisst, und keiner dachte an was Festes. Ich hätte ihn mit Handschellen an den Heizkörper fesseln müssen, um ihn zu meinem Mann zu machen. Natürlich versuchte ich es mit allen Mitteln, aber er rannte immer wieder davon. Immer gab es einen Vorwand. Immer hatte er was anderes vor. Und ich wurde immer rasender.

Nach allem Schmollen und Kämpfen lernte Pasi zu allem Überfluss eine kennen, in die er sich verknallte. Eine, die ihn verstand und nicht einfach auflegte und die ihn außerdem mit seinen Kumpels zusammen sein ließ. Er traute sich nicht einmal, es mir zu sagen. Ich hörte es von anderen.

Pasi hatte wahrscheinlich vor allem vor mir Angst, und ich ebenso, denn ich hatte mich wegen seiner heißblütigen Art in einen Sturmwind verwandelt.

Ich lernte, dass es in Beziehungen eine Halbjahresregel gibt. Vom ersten Treffen oder vom Beginn der Kontaktaufnahme an dauert es ungefähr ein halbes Jahr, bis man weiß, ob der Typ noch mitmacht oder nicht und auf welche Art. Ob er Partner, Kumpel oder komplett aus dem Spiel ist.

Innerhalb eines halben Jahres können Gefühle und Ängste abklingen. In der Zeit sieht man, wie der andere tickt und ob seine Verhaltensweisen zum eigenen Leben passen. Beide haben dann schon einige Ausflipp-Eigenschaften von sich gezeigt, semi-ätzende Sachen, mit denen man leben müsste. In einem halben Jahr hat man mindestens einmal losgelassen, weil einem etwas richtig auf den Geist gegangen ist. Und wenn man einmal losgelassen hat, fällt es einem leichter, von Neuem zärtlich anzupacken und an der gemeinsamen Zukunft zu bauen, sei es als Partner oder als Freunde.

Diese Strecke von einem halben Jahr kann qualvoll sein, weil alles noch unsicher ist. Aber das Beste ist, sich zurückzulehnen, sich zu entspannen und zu schauen, was passiert.

ARZNEI GEGEN HERZSCHMERZ

Gegen Herzschmerz gibt es eine Arznei: Löschen und Funkstille. In der Praxis heißt das, sämtliche Daten des Herzschmerz-Auslösers, also alle Nachrichten und so weiter, wenn nötig sogar die Handynummer und die Fotos, zu löschen und keinen Kontakt mehr aufzunehmen. In keiner Form. Nie mehr. (Bis man sich ein ganzes Jahr lang nicht mehr Rotz und Tränen am Kopfkissen abgewischt hat.)

Nach dem Löschen erledigt die Zeit den Rest. Und das tut sie mit hundertprozentiger Sicherheit, wenn auch schmerzhaft und langsam. Jede Kontaktaufnahme verlängert die Verarbeitung des Herzschmerzes um mehrere Monate, und die Aufbewahrung der Daten erhöht das Risiko des Rückfalls um ein Vielfaches. Rückfällig wird man, weil der Herzschmerz ein Gefühl von Bedeutungslosigkeit auslöst, sodass man nicht mehr fähig ist, sein Leben unter Kontrolle zu halten, und sich schon beim kleinsten Missgeschick in alle Einzelteile auflöst. Der Herzschmerz lässt die Zukunft ungewiss und beängstigend aussehen. Er gibt Liebesliedern eine neue Bedeutung. Er zeigt von allen Filmen nur die traurigsten. Und jeder Regentropfen am Fenster erinnert an Sehnsucht und Tränen und Einsamkeit. Aber zum Glück ist Herzschmerz nur ein Gefühl, das mit der Zeit nachlässt. Leider ist der Fahrplan dabei foltermäßig langsam.

Beim *Umgang* mit dem Herzschmerz helfen Löschen und Funkstille, aber die Sehnsucht und die Enttäuschung gehen nicht weg, indem man die Löschtaste drückt. Der Herzschmerz meldet sich immer wieder und erinnert dich daran, dass du einen tollen Typen kennengelernt hast, der jetzt nicht mehr an deiner Seite ist. Herzschmerz bedeutet nicht, dass die betreffende Person *the one and only* gewesen wäre. Er bedeutet einzig und allein, dass diese Person in die Nähe deines Herzens gekommen ist. Ich finde, jedem Menschen sollte mindestens einmal im Leben das Herz brechen, denn das ist ein wichtiges und einzigartiges Gefühl.

Als ich überraschend erfuhr, dass Pasi mit einer anderen zusammen war, entfernte ich ihn aus meinem Leben. Ich löschte seine Handynummer und alle seine Nachrichten und hörte auf, ihn im Netz zu stalken (außer ein paarmal, als ich einen Kater hatte; da ging ich auf seine Facebook-Seite, um mir ein bisschen Folter-Feeling zu holen, obwohl ich nicht einmal etwas fand). Alles, was zwischen uns gewesen war, hörte überraschend auf, und ich machte mir Vorwürfe. Warum hatte ich ihm nicht verboten, herumzuziehen? Warum war ich ihm nicht gut genug? Was hatte ich falsch gemacht? Was stimmte mit mir nicht? Warum hatte ich ihn nicht an den Heizkörper gefesselt? Hätte ich mehr tun können?

Ein Jahr lang hoffte ich, Pasi würde plötzlich mit Blumen in der Hand vor meiner Tür stehen, als veränderter Mann. Mein Herz zuckte, wenn es unerwartet an der Tür läutete, sprich einmal, nämlich in der Woche vor Ostern, als die Nachbarskinder mit geschmückten Weidenruten um Süßigkeiten bettelten. Als ich die Tür aufmachte und kapierte, dass ich mir tatsächlich Pasi mit einem selbstgeschriebenen Liebesgedicht ausgemalt hatte, fing ich spontan an, laut zu heulen. Die Kinder nahmen mitsamt ihrem Reisig sofort Reißaus.

Seit unserer Beziehung – die nicht existiert hatte – war mehr als ein halbes Jahr vergangen, aber das Löschen schien noch immer nicht gewirkt zu haben. Immerhin hielt es mich vom Handeln ab. Ich hätte mich nämlich gern jeden Tag bei Pasi gemeldet, aber gleichzeitig wusste ich, dass er nichts zur Besserung meines Zustands beitragen konnte. Ich wusste auch, dass ich noch nicht geheilt war, solange ich mich bei ihm melden wollte. Es dauerte lange, bis der Prozess abgeschlossen war. Ein Jahr. Sogar noch länger.

Während dieses ganzen Jahres schickte ich Pasi keine einzige Nachricht, weder in betrunkenem noch in nüchternem Zustand, und postete auf Facebook kein einziges Foto in der Hoffnung, er würde es ja vielleicht sehen. Davor bewahrte mich das Löschen. Viele meiner Freundinnen haben sich, wie ich mitbekommen habe, mit der gleichen Arznei gerettet.

Es gibt aber noch etwas, das gegen Herzschmerz und manch anderen Kummer hilft: das Heulen.

In Fotoalben oder in den sozialen Medien sieht man selten Selfies, auf denen geheult wird, was nur verständlich ist. Wenn man heult, fällt einem nicht gerade ein, die Kamera zu zücken, und die wenigsten fühlen sich wie das blühende Leben, wenn ihnen der Rotz auf die Oberlippe läuft, die Augen aus dem Kopf quellen und die Wangen vor lauter Tränen glühen.

Aber die Tatsache, dass die Tränen verborgen werden, erzeugt die Illusion, dass es sie nicht gibt, und wenn doch, dass man sie heimlich vergießen soll. Wenn es denn unbedingt sein muss. Noch besser wäre es natürlich, hart zu bleiben und gar nichts zu vergießen. Seine Gefühle, seine Enttäuschungen, seine Wut nicht zu offenbaren. Und seine Freude auch nicht.

Als meine Niedergeschlagenheit am schlimmsten war, konnte ich nicht einmal heulen und auch nicht mit meinen Gefühlen umgehen. Aber als es mir dann endlich gelang, ein paar Tropfen herauszupressen, wollte es kein Ende mehr nehmen, denn es machte mich so glücklich. Das Heulen half mir, meine aufgestauten Gefühle und die miesen Gefühle gegenüber Pasi abzubauen. Wollte der Tränenfluss enden, verstärkte ich ihn oft durch die passende Musik, damit ich noch mindestens eine halbe Stunde weiterheulen konnte. Und das klappte, denn Musik ist am besten, wenn sie schmerzliche Knoten löst und einem die Nasenlöcher mit Rotz verstopft.

Früher hatte ich gedacht, Heulen sei peinlich, aber mit zunehmendem Alter verstand ich, wie wichtig es ist. Mein aufgequollenes Gesicht strahlte mehr Freude aus als jedes Foto, auf dem ich mit einer dicken Ladung Make-up und gespitzten Lippen posierte und versuchte, mithilfe von Filtern noch mehr Likes und Beachtung zu bekommen.

Das Heulen machte mich wenigstens kurzzeitig glücklich, und das ist ein sehr guter Anfang, wenn man von Herzschmerz geheilt werden will.

MÄNNERHASS

Pasi weckte Gedanken in mir, die in Richtung Männerhass gingen. Ich war enttäuscht, weil meine Erwartungen unrealistisch und diffus gewesen waren. Ich glaubte an Disney-Märchen und wartete auf einen Vagina leckenden Liebhaberprinz mit großem Schwanz, Sixpack, Einfamilienschloss und sanften Öko-Eltern. Weil ich trotz meines Wartens nichts dergleichen bekam, suhlte ich mich jeden zweiten Tag in männerhassenden Gemütszuständen.

Meinen Männerhass konnte auch die Tatsache nicht mildern, dass meine Freundinnen empathisch mit mir hassten:

»Vergiss ihn. Männer sind Arschlöcher. Was für ein Typ. Mach dir nix draus. Du hast was Besseres verdient. Der will doch bloß Sex. Scheiße, was für ein Schwachkopf.«

Ich brauchte den Männerhass, um loslassen zu können. Ohne Aggressionen hätte ich nicht meine ganze Wohnung vom Boden bis zu den Belüftungsventilen putzen können, wäre ich nicht zum ersten Mal im Leben dreizehn Kilometer gelaufen und hätte mein Hairstyling nicht geändert.

An dem Punkt, an dem ich vom Ärger angetrieben schon die Wohnung einer Freundin schrubbte und am Abend müde und heulend masturbierte, begriff ich, dass mir das Ganze entglitten war. Mein Männerhass raubte mir entsetzlich viel Energie und machte die Welt nicht besser. Er machte auch Pasi nicht zu einem anderen und brachte ihn schon gar nicht dazu, sich in mich zu verlieben.

Die Stimmen des Männerhasses machten sich bereits bemerkbar, als ich Pasi noch datete. Wenn es mir schlecht ging, tuschelten mir die Gefühle der Enttäuschung, Eifersucht und Abhängigkeit Männerhassgedanken ins Ohr: »Mach Schluss mit ihm! Antworte ihm nicht! Stell ihn mit dem Rücken gegen die Wand! Zwinge ihn zur Entscheidung! Sag ihm, dass du gehst, wenn er sich nicht entscheiden kann!« Der Männerhass kam auf, weil ich nicht kriegte, was ich wollte.

Noch schlimmer wurde es natürlich durch das aktive Stalken und weil ich mich bei gemeinsamen Bekannten erkundigte, was Pasi so machte. An die Stelle des Traums vom Vagina leckenden Prinzen war die zwanghafte Fantasie getreten, den Typen mit Nachrichten und Anrufen zu bombardieren. Ich versuchte die Antwort auf eine Frage zu bekommen, die ich nicht einmal hatte, obwohl es gleichzeitig eine Million davon zu geben schien. Zu meinem Verdruss funktionierte diese Rachemethode letztendlich nicht, auch wenn sie kurzzeitig zu helfen schien.

Schließlich gab mir ein Freund von Pasi ein paar vernünftige Ratschläge zur Hasskontrolle. Er forderte mich auf, zu lächeln. Pasi ins Gesicht zu lächeln, wenn ich ihn sehe. Natürlich kotzte mich allein die Vorstellung an, und ich wollte die Nachricht schon mit der Empfehlung beantworten, er solle sich sein Lächeln in den Arsch schieben, aber dann schrieb ich ihm nur was wie »danke für den super Tipp, ich werd's versuchen«.

Außerdem sagte er noch, ich sollte vielleicht besser mit Pasi reden und nicht texten, weil man große Sachen selten per Kurzmitteilung geregelt kriege. Er hatte recht, aber ich konnte mir nicht einmal vorstellen, mit Pasi zu reden, wie es Erwachsene tun. Über große Dinge zu reden ist schwer und treibt den Puls in die Höhe. Aber genau darum soll man darüber reden, denn der Körper versucht einem damit zu sagen, dass es um etwas Wichtiges geht. Bei mir und Pasi funktionierte das allerdings überhaupt nicht. In weniger als zehn Minuten schossen die Gefühle von null auf hundert, wonach ich mich panikartig auszog und Pasi einen Ständer hatte.

Konnte ich mich doch einmal beherrschen, tat Pasi alles mit einem Scherz ab. War ich nicht fähig, mich zu beherrschen, zog er Leine und schlug die Tür hinter sich zu. Bei meinem Teddybären hatte ich immerhin eines gelernt: Wenn man sich in Ruhe über schwierige Dinge unterhält, wird beim anderen etwas sichtbar, von dem man nichts gewusst hat. Aber aus irgendeinem Grund klappte das mit Pasi nicht. Pasi zog sich jedes Mal zurück, wenn es darum ging, über den Charakter unserer Beziehung zu reden. Und ich fing an zu interpretieren.

Ich vergaß vollkommen, dass auch Pasi eventuell unter Beklemmung, Ängsten, Enttäuschungen, Herzschmerz leiden könnte. Ich vergaß, dass er mit Ängsten anders umging als ich. Als ich anfing zu interpretieren, steckte ich tief in einem Sumpf, denn man soll niemanden interpretieren. Man soll offen reden und keine Vermutungen anstellen.

Weil mein latenter Männerhass ständig in Form von Lästern über Männer, Ablehnen von Dates und dem Verfertigen von Beziehungszerstörungsprophezeiungen auftrat, schlugen mir meine Freundinnen sanft eine Therapie vor. Nachdem ich es aus drei verschiedenen Mündern gehört hatte, wachte ich auf. Sie können sich nicht irren, dachte ich. Bei mir stimmt etwas nicht, und ich kann es bloß selbst nicht richtig sehen.

Erst als ich meine Aufmerksamkeit auf meinen Männerhass richtete, wurde ich allmählich davon geheilt. Ich war selbst geschockt, was für eine Menge an negativen Ausscheidungen mein Gehirn produzierte und wie hart sie die Welt beurteilen wollten, obwohl die Scheiße nicht in der Welt war, sondern in meinem Kopf.

Nach und nach ließ ich den Fall Pasi dort hängen, wo er so schwer zurückzulassen war: auf der Schmutzwäscheleine der unfertigen Dinge.

Ich bewegte mich von einer Woche zur nächsten weiter und brachte keine Energie mehr für den Versuch auf, Pasi dazu zu zwingen, eine Entscheidung zu treffen oder sein Leben oder seine Persönlichkeit zu ändern. Und da merkte ich plötzlich, wie leicht mir zumute war.

Ich hatte alles versucht, alles gegeben und offen geredet. Es hatte nichts genutzt, darum war ich gezwungen, mir eine neue Zukunft zu überlegen.

Schon wenige Monate später war ich fähig, die Situation mit etwas Abstand und in Ruhe zu betrachten. Ich merkte, dass der Fall gar nicht ungeklärt war und dass es tatsächlich eine Lösung gab. Diese Lösung lag in meinen Händen, nicht in denen von Pasi. Die Lösung bestand darin, loszulassen – und zwar nicht Pasi, sondern den Männerhass.

MEIN ERSTER RANDOM-FICK

Nach Pasi kam die Phase, die für andere wahrscheinlich nach beneidenswertem Singledasein aussah. Ich suchte mich selbst und fand mich schließlich mal in diesem, mal in jenem Bett wieder. Aber der Glanz und Glamour, der zu dieser Lebensphase zu gehören schien, glänzte in Wahrheit durch Abwesenheit. Das einzige Glitzernde war der Glitter auf meinen Wangen, wenn ich morgens um sechs von einem random Typen nach Hause ging, während noch ein benutztes Kondom an meinem Hintern klebte.

Meinen ersten Random-Fick gabelte ich in einer warmen Sommernacht beim Warten auf ein Taxi auf, nachdem die Bars zugemacht hatten – in derselben Nacht, in der ich Pasis Nachrichten und Handynummer löschte. Tapfer beschloss ich, dass jetzt Schluss war mit dem Murren und Heulen und Männernnachtrauern. Ich betrank mich fürchterlich, schon bevor wir in die Bar kamen, wo ich dann auf der Tanzfläche meinen besoffenen Hintern an jedem Mann rieb. Irgendwann scheuerte ich mich an einem großen Pfosten, strich mir die Haare wahnsinnig sexy ins Gesicht und fiel um wie ein Baum im Wald, den niemand sieht. Anschließend regte ich mich über sämtliche Männer auf der ganzen Welt auf, die mich – das wichtigste Wesen im Universum – nicht retteten, und heulte den Rest des Abends an einem Ecktisch vor mich hin. Meine Freundin, die siebenmal versucht hatte, mich anzurufen, fand mich schließlich, wie ich an dem Tisch mental im Sterben lag, und schleppte mich hinaus.

Draußen munterte mich die helle Sommernacht ein bisschen zu sehr auf. Prompt warf ich dem Türsteher ein paar naseweise Anmachsätze hin. »Echt gute Party.« »Kriegst du dafür Geld?« »Dich würde ich auf der Stelle ficken.« »Hast du mal'ne Zigarette, ich rauch nicht mal.« Danach torkelte ich mit meiner Freundin zum Taxistand, sah mich mit schielenden Augen um und schnappte mir einen jungen Mann, der ebenfalls vage hin und her taumelte. Ich spürte, dass wir auf derselben Wellenlänge lagen. Auch er wartete nämlich auf ein Taxi und fuhr außerdem in dieselbe Richtung wie ich. Das war einfach *meant to be*!

Wir nahmen also zusammen ein Taxi. Ich dachte bei mir, jetzt passiert es also. Jetzt verliere ich meine One-Night-Stand-Jungfräulichkeit. Im Auto teilte ich dem Mann dann forsch und deutlich hörbar mit: »An meine Möse lasse ich dich aber nicht ran.«

Diese Information musste vermittelt werden, denn falls der Typ sich während der fünfzehnminütigen Fahrt als obskurer Wichser herausstellen würde, wären wir bloß zwei einsame Menschen in einem Taxi auf dem Weg zu unterschiedlichen Adressen. Und falls ich ihn doch mit zu mir nehmen wollte, könnte ich meine Meinung leicht ändern.

Aber kaum hatte ich mein Mösenverbot ausgerufen, machte ich mich auch schon ans Werk. Genau wie im

Film, dachte ich, als ich ihm auf den Schoß stieg, um ihn leidenschaftlich zu küssen. Er versuchte allerdings auszuweichen, womöglich weil ich ihm das Gesicht vollsabbelte. Ich kam gar nicht auf die Idee, er könnte keinen Sex mit mir haben wollen. Ich dachte, alle Männer wollen Sex, wenn sich nur die Gelegenheit dazu bietet. Und ja, auch dieser wollte.

Wir landeten schließlich bei mir, und kaum hatte er einmal geblinzelt, war ich nackt.

Er zog sich meiner Meinung nach ein bisschen zu langsam aus, also zerriss ich ihm aus Versehen das Hemd, und als die Knöpfe durchs Zimmer flogen, rannten meine Hunde hinter ihnen her und ich hinter den Hunden, mit dem Kommando, loszulassen. Sobald ich die Knöpfe eingesammelt hatte, warf ich sie zärtlich und um Verzeihung bittend in den Müll, was natürlich überhaupt keinen Sinn hatte. Also wühlte ich sie wieder heraus, oder zumindest einen Teil davon. Ein bisschen wie im Film, kicherte ich vor mich hin. Ich lebe einen Traum.

Der Mann stand in Unterhosen stocksteif da wie eine Mistgabel in der Kälte. Aber zum Glück war ich schnell. Ich wollte den Sex schnell vom Tisch haben, damit ich mir anschließend überlegen konnte, wie es sich angefühlt hatte.

Ich schleifte den Mann in die Dusche, wo ich ein bisschen zu manisch-depressiv-eindringlich auf seinen Penis starrte, denn es war in meinem Leben erst der dritte Penis, den ich in der Hand hatte. Ein fremder Penis. Ein vollkommen unbekanntes schlaffes Ding. Während ich ihn streichelte, redete ich dies und das, um die Stimmung zu heben. Unter anderem erzählte ich fröhlich von meiner Erkenntnis, dass man, wenn man allein masturbierte, sorglos dabei furzen konnte, wenn man Lust dazu hatte. Trotz meiner Flötentöne wollte sich der Penis nicht aufrichten, und auch sein Besitzer glotzte mich nur schweigend an.

Nach der Dusche schleifte ich ihn mit dem Penis in der Hand ins Bett. Dort versuchte ich vergebens ein Gummi über den Halbständer zu fummeln und legte mich dann auf den Rücken. Dem Mann gelang es schließlich, das Kondom über den eher lockeren Penis zu stülpen. Gleich passiert es, dachte ich, während ich mit gespreizten Beinen dalag und den neben dem Bett fröhlich mit den Schwänzen wedelnden Hunden in die Augen schaute. Sie staunten über das alles ebenso wie ich.

Es war schnell vorbei, aber es dauerte trotzdem zu lange. Wir kamen beide nicht. Ich war trocken wie eine Staubmaus, und er spürte durch das Gummi hindurch nicht gerade wahnsinnig viel. Wir machten es in ein paar Stellungen. Am Kondom klebte Blut wegen meiner trockenen Scheide. Der Glamour war auf den Seiten der Cosmopolitan zu Hause, nicht in meiner Wohnung. Außerdem musste ich furzen.

Wir schliefen beide ziemlich schnell ein. Drei Stunden später machte ich die benebelten Augen einen Spaltbreit auf und blickte auf den sabbernden Typen neben mir. »O Gott, jetzt ist es passiert, und ich fühle mich ganz normal«, analysierte ich innerlich.

Ich starrte auf seinen Penis, der schlaff auf dem Oberschenkel lag. Das ist also jetzt der Schwanz eines fremden

Mannes. Ich stubste ihn ein bisschen mit dem Finger an, was ich ganz normal fand. Aber als der Mann aufwachte, schaute er verdutzt, ja sogar ein bisschen entsetzt auf meinen Zeigefinger, der ausgestreckt war, um die Wertsache noch einmal zu berühren.

Ich war bis dahin nur mit einem Menschen zusammen gewesen. Mit einem einzigen. Dessen Penis kannte ich in- und auswendig. Auch über Pasis Penis hatte ich einiges gelernt. Diese beide Schwänze waren mir lieb gewesen. Aber der hier war anders. Er war mir fremd und sah seltsam aus. Als ich ihn anfasste, zuckte er glücklich, ich aber nicht. Plötzlich wurde ich nervös. Mein Rausch war wie weggeblasen, ebenso mein Mut, an einem fremden Schwanz herumzuspielen. Der Mann wartete träge ab, was für Tricks mein Zeigefinger noch draufhatte außer stupsen. Ich dachte, das muss jetzt anständig zu Ende gebracht werden. Es ist ja nur ein Penis. Und aufgrund meiner Erfahrung muss ich wissen, was man damit macht. Natürlich stellte ich keine Fragen – zum Beispiel: Hast du einen Wunsch, was ich mit deinem Ding machen soll? Nein. Nur Verirrte stellen Fragen. Stattdessen voll Stoff vorwärts.

Eine solche militärische Mentalität dürfte kaum die beste Methode sein, Sex zu praktizieren. Ich fing an, das schlaffe Organ ohne Plan zu bearbeiten. Aus der Kehle des Mannes vom Taxistand drang ein leises Brummen. Ich schaute ihn skeptisch an und beschloss, mir, sobald er weg war, eine Katerpizza mit Extrakäse und eine kalte Cola zu holen.

Die Vorhaut des Manns vom Taxistand war weich wie

ein Babypopo. Wenn man früh am Morgen an eine Pizza und einen Babyhintern denkt, während man einem fremden Mann einen runterholt, hat man das Gefühl, wirklich im Zentrum des Singledaseins angekommen zu sein. Ich glaube, ich lächelte sogar: Ich kann das. Ich kann Single sein.

Dann blickte ich lächelnd auf den Penis, der aus seinem Loch Tröpfchen auf meine Hand abgab, und auf die Vorhaut, die Konzentration verlangte. Die Vorhaut führte, die Finger flitzten. Zwischendurch schaute ich den Mann an, dann wieder meine tapfere Hand. Er wiederum guckte mucksmäuschenstill auf seinen Penis und meine Hand. Allmählich taten mir das Handgelenk, der Rücken und sämtliche anderen Körperteile weh, weshalb ich immer schneller und heftiger wichste. Als die Müdigkeit in der Hand zu stark wurde, beschloss ich, auf Mundbetrieb umzusteigen, und schnappte mir den Penis mit dem Saugnapf. Dabei dachte ich an Pizza und Cola. Wenn ich nur erst das hier überstanden habe. Ich lutschte so lange, bis sich die Innenseiten meiner Wangen durch die Saugkraft berührten. Pizza und Cola. Pizza und Cola.

Der Mann vom Taxistand fragte ächzend, ob er in meinen Mund kommen dürfe. Ich sagte schüchtern nein. Worauf er mir ins Auge spritzte. Ich war wahnsinnig stolz auf meine Leistung. Ich hatte es geschafft.

Der Mann vom Taxistand wischte sich den Penis ab und zog sich an. Er machte nicht einmal den Versuch, mich zu befriedigen. Auch wenn ich in meiner Höflichkeit als Gastgeberin wahrscheinlich nicht gekommen wäre. Aber trotzdem. Er versuchte es nicht einmal!

Ich sprach das Thema an:

»Und was ist mit meinem Orgasmus? Mit meinem Oralsex?«

»Ich mag eigentlich keinen Oralsex«, antwortete er und schnallte den Gürtel zu.

»Also in gebender Hinsicht, oder was?«

»Genau. Und ich kann es auch nicht leiden, wenn man mir einen bläst. Das konnte ich noch nie leiden. Ich kapiere nicht, warum Frauen die Vorstellung haben, dass ihnen alle Männer den Schwanz in den Hals stecken wollen«, erklärte er weiter und zog die Jacke an.

Baff lag ich auf dem Bett. Mir fielen fast die Augäpfel aus den Höhlen.

Als ich mich später aus dem Haus schleppte, um mich mit Pizza und Cola zu belohnen, war mein Spermaauge so rot, als wäre ein Vogel mit dem Schnabel voran dagegengeflogen. Eine Woche später zeigte ich das geschwollene Auge einer Ärztin. Ich erzählte ihr, dass es mir so vorkam, als würde ich lauter Spermien in meinem Auge herumwimmeln sehen. Die amüsierte Ärztin gab mir Augentropfen und fragte mich, wann ich zuletzt bei einem Geschlechtskrankheitentest gewesen sei.

»Morgen«, antwortete ich. Zwei Wochen später stellte sich heraus, dass der fremde Penis Chlamydien in meinem Mund hinterlassen hatte.

Ich machte auch einen Schwangerschaftstest, obwohl wir ein Gummi benutzt hatten. Mein Unterleib schwoll an, und ich sah plötzlich überall Kinder. Auch im Fernseher folgte eine Windelreklame auf die andere, und in jeder Serie ging es um Kinder. Meine Brüste waren empfindlich, und ich meinte, dass etwas Weißes aus meinen Brustwarzen tropfte. Ein Paar Strümpfe ging beim Waschen auf Kindergröße ein.

Aber ich war nicht schwanger. Ich war paranoid. Wie von da an jedes Mal, wenn ich einen nackten Mann auch nur sah, von einem Penis ganz zu schweigen. Ich spürte, wie im Schwimmbad die Spermien an meinem Badeanzug hängenblieben, wie auf den Sitzbänken im Bus die Syphilis lauerte und wie aus den Büchern der Leihbibliothek schmutzige Schamhaare in mein Bett rieselten. Singledasein *at its best*.

ER KÖNNTE JETZT ECHT MAL ANRUFEN

Eines der Grundgefühle im Leben einer Singlefrau, die sich nach Liebe sehnt, besteht darin, dass jederzeit und überall ein guter Typ auftauchen kann. Eine ähnliche Spannung war in der Kindheit mit dem Warten auf den Weihnachtsmann verbunden: Man wusste, dass er kommt, konnte aber keine Sekunde länger abwarten. Wenn auch der am weitesten verbreitete Gedanke trotzdem lautet: Es wird nichts passieren, und ich muss für immer alleine bleiben. Aber jedes Mal, wenn man jemand Nettes kennengelernt hat, wärmt einen ein kleiner Hoffnungsfunke, und ganz besonders dann, wenn man darauf wartet, dass der Nette anruft.

Bloß dass sie nie anrufen, verdammte Hacke!

Der Mann vom Taxistand, die Chlamydien, die Spermien im Auge – sie alle konnten mich nicht von Pasi ablenken. Ich hatte mir naiverweise vorgestellt, einfach einen Penis durch einen anderen zu ersetzen. Aber der neue Penis erreichte nicht mein Herz, absolut nicht. Auch wenn der Typ versuchte, damit bis dorthin vorzustoßen.

Durch den Mann vom Taxistand lernte ich, dass man einem One-Night-Stand nie seine Handynummer geben darf. Niemals. Es ist nicht schön, auf den Anruf eines

Typen zu warten, den man nicht einmal mag und an dessen Namen man sich nicht erinnern kann.

Der Mann vom Taxistand hatte mich nach meiner Nummer gefragt, weil ihm das zum Abschied irgendwie passend erschienen war. Er stand mit der Jacke in der Tür, ich räkelte mich in meinem kleinen Apartment auf dem Bett, und wir wussten beide nicht, was wir sagen sollten. Lediglich »danke« wäre komisch gewesen. »Danke für den Sex.« Damals wusste ich natürlich nicht, dass das Fragen nach der Telefonnummer ein Ritual war, das in 98,8 Prozent aller Fälle nichts zu bedeuten hat. Weder Anruf noch Liebe. Eventuell kann es eine Sex-Neuauflage oder besoffene Textnachrichten bedeuten, mehr aber nicht. Kein gemeinsames Kaffeetrinken, kein Kino, keine romantischen Vollmondspaziergänge, keine Hochzeit, kein Hocken in nebeneinanderplatzierten Schaukelstühlen im Greisenalter.

»Ich ruf dich nächste Woche an«, sagte er.

Danach wartete ich die ganze Woche auf seinen Anruf. Wenn ich staubsaugte, legte ich das Handy an eine Stelle, an der ich mit Sicherheit sah, wenn er anrief. Ich saß sogar mit dem Handy in der Hand auf der Kloschüssel, angeblich um die Nachrichten zu lesen, aber in Wahrheit wartete ich auf seinen Anruf. Bei der Arbeit rannte ich alle halbe Stunde in den Pausenraum, für den Fall dass. Gleichzeitig analysierte ich mit meinen Freundinnen, wann er wohl anrufen würde. Als nach einigen Tagen noch immer kein Anruf gekommen war, überlegten wir uns, ob er vielleicht aus Versehen meine Nummer gelöscht hatte. Oder vergessen, sie zu speichern.

Am Mittwochabend, vier Tage nach unserem Abschied, als der Regen ans Fenster prasselte, dachte ich, was für einen Spaß wir doch miteinander gehabt hatten, ich und der Mann vom Taxistand, also Antton oder Antti oder Arttu. Ich konnte mich an seinen Namen nicht erinnern, obwohl er ihn an dem Abend mehrmals genannt hatte, und am nächsten Morgen hatte ich mich nicht mehr getraut, noch einmal danach zu fragen. Immerhin wusste ich, dass er mit A anfing.

Während im Hintergrund Leif Wagers »Romanssi« lief, schaute ich aus dem Fenster und tat, was man ebenfalls nie tun soll (neben dem Preisgeben der Handynummer). Ich dachte wehmütig an die Nacht mit, sagen wir: Antton zurück.

Ich dachte daran zurück, wie ich an Anttons Brustwarze herumgemurkst und er zuerst erregter auf den Riss in der Decke als auf mich gestarrt und dann gesagt hatte, dass er bei meinem Gemurkse eigentlich nichts spüre. Ich lachte ein bisschen zu laut, denn ich erinnerte mich, wie Antton mit dem Kopf ein Stück von mir abrückte und die Brauen runzelte. Er fand es nicht lustig. Er hielt mich für verrückt und schob entschlossen meine Hand von seiner Brustwarze. Es machte den Eindruck, als hätte er tatsächlich Angst, ich könnte ihm seinen Nippel abreißen.

Danach erzählte ich ihm, dass ich während meines gesamten Sexlebens beim Vorspiel und beim Akt an Brustwarzen herumgefummelt hatte (also an männlichen) und mir bislang keiner gesagt hatte, dass er dabei nichts spürt.

»Kann ja sein, dass ein anderer was spürt«, knurrte Antton und war irgendwie gereizt, weil ich meine Exen ins Bett geholt hatte, von denen es, wie gesagt, lediglich zwei gab, was ich ihm aber natürlich nicht erzählte. Dadurch eindeutig verstimmt, setzte er seine Brustwarzenanalyse fort:

»Meiner Meinung nach spürt man dabei gar nichts. Wie wenn du zum Beispiel an meinen Rückenhaaren lutschen würdest, *you know*.«

Nachdem Antton gegangen war, stellte ich fest, dass er neben dem benutzten Kondom ein einsames Brustwarzenhaar auf meinem weißen Nachttisch liegen gelassen hatte. Es war bestimmt ein Versehen, aber trotzdem witzig. Oder es war ein Hundehaar, aber daran wäre nichts Amüsantes gewesen, weshalb ich das Haar als Zeichen des Universums deutete, dass diese Geschichte noch nicht zu Ende war.

Infolge dieser Erinnerung lief ich noch am selben Abend mit der Brustwarze im Kopf sechs Kilometer, einfach so, und spürte drei Tage lang ein Phantombrustwarzenhaar auf meiner Backe, obwohl da gar nichts war.

Wenn man anfängt, mit einem Lächeln an einen random Typen vom Taxistand zurückzudenken, kann das nichts Gutes heißen. Ich konstruierte uns schon gemeinsame Erinnerungen, Brustwarzenhaarerinnerungen ohne Oralsex. Gleichzeitig starrte ich aufs Handy. Warum ruft er nicht an?

Als Taxistand-Brustwarzenhaar-Antton eine Woche lang nichts von sich hören ließ, beschloss ich, die Zügel in die Hand zu nehmen. Natürlich.

Ich googelte alles, was ich über ihn wusste: »Antton Tennis TU 1981 Sportzeitung.« Nach siebenunddreißig

Minuten Sucherei fand ich im Netz einen kleinen Artikel, der von einem Antton berichtete, dessen wirklicher Name Mikko Sukarinen lautete und der bei irgendeiner Tennisveranstaltung irgendwas gewonnen hatte. Dann setzte ich Facebook ein, und die Sache war klar. Ich rief die Auskunft an, wie es sich für eine anständige Frau gehört, wenn sie ihren potenziellen Lebensgefährten getroffen hat, den sie nicht einmal besonders mag.

Außer den Zügeln nahm ich zur Feier des Samstagabends bei einer Freundin auch zwei Gläser Wein in die Hand und schickte dem Mann eine Nachricht.

Darin gab ich mir Mühe, auf witzige Art cool und entspannt zu sein: »Hi! Bist du gut nach Hause gekommen? LG Die Frau, die alles in den Mund nimmt.« Obwohl ich für Taxistand-Brustwarzenhaar-Ex-Antton-Mikko keinerlei tiefes Interesse hatte, war es mir doch wichtig, mich ihm zu nähern, immerhin war er jetzt ein neuer Freund von mir. Wir hatten Sex gehabt. Und es wäre nett gewesen, sich mal wieder zu sehen. Wir hatten sogar eine gemeinsame Brustwarzengeschichte. (In dem Stadium wusste ich noch nichts von den Chlamydien, die ja auch eine Gemeinsamkeit darstellten.)

Meine Freundin und ich setzten den Abend in einer Bar fort, und ich glotzte alle sechs Minuten auf mein Handy. Nach einigen Shots legte ich noch ein paar Nachrichten nach. Total cool. »Hast du meine Nachricht von vorhin bekommen?« Dann erlaubte ich mir einen Brustwarzen-Joke: »PS. Habe ein Brustwarzenhaar von dir auf meinem Nachttisch gefunden. LG Die Saugerin.« Ich wollte nicht verzweifelt klingen, sondern witzig.

Am nächsten Morgen wachte ich mit entsetzlichen Kopfschmerzen auf. Brustwarzenhaar-Mikko hatte nicht geantwortet. Auf keine einzige der zehn coolen Nachrichten, die ich ihm geschrieben hatte. Ich textete sofort meiner Freundin und schilderte die Lage. Dass es vorbei war. Dass ich zum Glück die ganzen Nachrichten geschickt hatte. Denn jetzt wusste ich wenigstens, dass er kein Interesse hatte.

Per Kurzmitteilungen analysierten wir detailliert sämtliche möglichen Gründe, warum er nicht geantwortet hatte. Ich sagte mir: Jetzt lösche ich seine Nummer und vergesse ihn. Er war sowieso nicht mein Typ. Außerdem ist er ein Arsch, weil er nicht antwortet. Humor hat er auch keinen.

Mit schlimmem Brummschädel hörte ich Liebeslieder und vergoss dabei Tränen. Ich bin nicht gut genug. Für keinen. Der Typ lacht mich bloß aus, er und seine Brustwarzen.

Ich träumte davon, tragisch bei einem Autounfall ums Leben zu kommen, und stellte mir vor, wie der Brustwarzenhaar-Mann bei meiner Beerdigung weinen und lamentieren würde, wie schön und reizend und lieb und toll ich doch gewesen sei. Auf dem Grabstein würde in kleinen Buchstaben stehen: »Mikko Sukarinen, ich habe von dir Chlamydien gekriegt.«

Und nie würde er eine bessere Bläserin finden als mich.

Nachdem der Heulanfall vorbei war, überlegte ich ernsthaft, ob es sein konnte, dass der Brustwarzenhaarbesitzer meine zehn Nachrichten tatsächlich nicht bekommen hatte. Womöglich hatte ich seine Nummer falsch gespeichert. Ich klappte den Laptop auf, schickte dem Mann eine Freundschaftsanfrage und lag die nächsten drei Stunden bei Facebook auf der Lauer. Ich versuchte herauszufinden, wann er zuletzt online gewesen, Freunde hinzugefügt oder etwas geliked hatte. Plötzlich und unerwartet tauchte er um 18:03 auf Facebook auf, weil er eine neue Freundin hinzufügte. Eine gewisse Iina. Mein Herz pochte. Gleich. Ganz gleich wird er auch mich hinzufügen. Um 22:37 vergoss ich erneut Tränen. Nichts passierte.

Die folgende Woche verlief nach dem üblichen Schema. Es begann die Periode des tiefen Selbstmitleids. Ich hörte herzzerreißende Liebeslieder und heulte dabei Rotz und Wasser. Das Heulen unterfütterte ich mit dem Gedanken, dass ich nie jemanden finden, alles immer in den Arsch gehen würde und ich den Rest meines Lebens allein verbringen müsste. Ich dachte über eine Karriere im Nonnenkloster nach. Mit meinen Freundinnen führte ich stärkende Marathontelefonate, bei denen alles tiefenanalysiert und mir immer wieder gesagt wurde: Vergiss ihn, Männer sind Arschlöcher.

Ich weiß nicht, ob es etwas Biologisches ist, dass sich eine Frau Sorgen über ihre Zukunft macht, bevor sie einen Mann kennenlernt. Denn ein Mann macht sich keine Sorgen über seine Zukunft, bevor er eine Frau kennenlernt. Warum glaubt man, für niemanden gut genug zu sein, und käut allein hinter seiner Schambehaarung die Frage wieder: Warum will mich keiner? Das hat doch überhaupt keinen Sinn, obwohl gleichzeitig aller Sinn der Welt darin zu liegen scheint.

Es vergingen ungefähr vier Wochen bis ich wieder einigermaßen normal war. Ich spürte den Brustwarzenmann so gut wie nicht mehr in meinem Herzen, und das Ganze geriet in Vergessenheit. Ich erzählte niemandem von meinem Brustwarzentrauma und auch nicht davon, dass ich mir wieder mal die Knie aufgeschürft, das Herz demoliert und mein Brautkleid auf dem Scheiterhaufen verbrannt hatte, und zwar wegen eines Typen, dem ich nur einmal begegnet war.

Und das alles nur, weil ich dem Brustwarzenhaar meine Nummer gegeben und dann auf seinen Anruf gewartet hatte, weshalb er mir nicht mehr aus dem Kopf gegangen war.

Einen Monat später war mein Brustwarzenhaar-Ausflippen Vergangenheit, und ich schämte mich für mein Verhalten. Darum schickte ich dem Mann noch eine Nachricht, in der ich um Verzeihung für mein Benehmen bitten wollte, weshalb ich schrieb: »Hi! Ich hab Chlamydien. LG Dieselbe.«

STALKEN

Das Internet bietet fürs Stalken nur allzu gute Voraussetzungen. Aber es ist mit hundertprozentiger Sicherheit immer ein Fehler.

Ich werde das anhand meines Beispiels ein bisschen beleuchten.

Von der Geschichte mit dem Brustwarzenhaarmann blieb mir ein überraschend beschissener Geschmack im Mund zurück, und daran war ich selbst schuld. Der Brustwarzenhaarmann hatte ja nichts falsch gemacht. Auch wenn meine Freundinnen und ich einhellig immer wieder sagten, was für Idioten die Männer sind, ist es doch Tatsache, dass sie es nicht sind. Wir Frauen verstehen sie bloß nicht, und weil wir wegen ihnen starke Gefühle haben, machen wir sie dafür verantwortlich und richten den Blick nicht auf uns selbst. Es gibt also keine arschlochige Männerpopulation, sondern nur unterschiedliche Menschen. Wer untröstlich und sentimental ist, nimmt sich schnell das Recht heraus, andere zu beschuldigen.

Am Anfang hält man das Stalken für eine extrem gute Idee. Man glaubt, es wären Stunden, die man gemeinsam verbringt. Du bist auf diesem Foto zu sehen, und ich betrachte dich. Also sind wir eins und zusammen.

Die Gedankenkette vom Nicht-Stalken zum Stalken verläuft folgendermaßen:

»Ich habe nichts zu tun. Ich bin auch ein bisschen melancholisch. Schaue ich mir halt ein paar Bilder von ihm an. Das muntert mich auf. Da ist er schon, wie nett er in die Kamera lächelt. Hat auch viele Likes, das Bild. So ein schönes Foto. Wie süß.

Aber Moment mal. Wer hat denn da einen Kommentar geschrieben? Eine Frau ... Gestern erst. Ein ganz neuer Kommentar. Schauen wir uns doch mal ihr Profil an. Ziemlich schöne Frau. Scheiße. Eine schöne Frau, und weiß mit Sicherheit, ihr Mundwerk zu gebrauchen. Gut im Blasen. Da haben wir sie, groß und breit. Niemand kommentiert einfach so ein Foto – die hält ihm garantiert auch den Arsch hin. Scheiße. Garantiert reibt sie gerade seinen Schwanz zwischen ihren großen Titten. SCHEISSE!!«

Stalken ist Selbstmord. Tu es nicht. Beschließe schon vorher, erst dann auf die Seiten des Objektes deines Interesses zu gehen, wenn die Geschichte auf festem Fundament steht. Oder lass es auch dann bleiben. Weil wenn du es tust, musst du eventuell bald feststellen, dass du mit deinen Horrorvorstellungen und den Produkten deiner Fantasie die Geschichte zum Tode verurteilst, bevor sie noch richtig angefangen hat.

Nicht einmal der morgige Sonnenaufgang ist so sicher wie das. Mehr Regeln muss man nicht kennen. Ficke beim ersten Date, furze beim Akt, pisse bei offener Tür. Aber fang verdammt noch mal nicht an zu stalken.

Amen. Mehr habe ich dazu nicht zu sagen.

DIE ZWEITE PUBERTÄT

In der Schule wird über die Pubertät im Teenageralter gesprochen, die den Körper verändert und die Betroffenen aufsässig werden lässt. Aber niemand erzählt einem etwas über die zweite Pubertät, die kommt, wenn man ungefähr fünfundzwanzig ist.

Sie ist mindestens genauso schlimm. Erstens kapiert man spätestens dann, dass man seine Pickel immer noch nicht los ist und sie vermutlich auch nie loswerden wird. Zweitens ändert sich ein weiteres Mal das Weltbild und bewegt sich weg vom sorglosen Leben junger Menschen, die sich über nichts Gedanken machen müssen als darüber, wie weit man beim Ausstopfen des BHs gehen soll, wie man seinen Ständer versteckt und ob ein Mensch zu viel masturbieren kann. Mit fünfundzwanzig wird man mit schrecklichen Tatsachen konfrontiert, zum Beispiel mit der, dass Wichsschäden nicht mehr mit Mobilat und Ibuprofen weggehen und man *selbst* beim Arzt anrufen muss.

Auch das Bewusstsein, dass das Leben nicht so läuft, wie man es als Kind geplant hat, trifft einen in diesem Alter mit voller Wucht. Normalerweise denkt man dann neu darüber nach, wie es mit der Beziehung weitergehen soll, die man seit seiner frühen Jugend hat, und oft kommt es dann auch zur Trennung, denn spätestens jetzt fällt es einem auf, wenn man sich in eine andere Richtung entwickelt hat als der Partner. Die bittere Enttäuschung über das Ende der lebenslangen Paarbeziehung auf den ersten Metern, macht sich in etwa so bemerkbar, dass die Frau ihr Brautkleid mit blutroter Sprayfarbe umdekoriert und der Mann sich in den Sumpf säuft.

Außerdem kommt es bei Fünfundzwanzigjährigen auch im Körper zu Veränderungen. Plötzlich wachsen Haare an Stellen, an denen sie vorher nicht gewachsen sind, zum Beispiel an den Brustwarzen, rund um den Anus und unter dem Nabel. Der Arsch wird breiter und der Bauch fängt an zu hängen. Die hübschen Lachfalten im Gesicht gehen nicht mehr weg, wenn man aufhört zu lachen. Sie bleiben und werden Jahr für Jahr tiefer. Ein Kater dauert mindestens drei Tage. Aber dass man an Wochenendnächten nackt um die Nachbarhäuser gerannt ist, hält man für nichts Besonderes mehr, auch sind die Polizisten längst alte Bekannte, mit denen man Selfies macht.

Die zweite Pubertät erkennt man außerdem daran, dass man sich keine Ausreden mehr für seine Eltern ausdenkt, damit man zu einer Party darf, sondern dass man sich Ausreden für seine Freunde ausdenkt, damit man den Arsch nicht von der Couch nehmen muss. Die ständige Müdigkeit kommt daher, dass Stress und Druck im Arbeitsleben Körper und Geist strapazieren, auch wenn die To-do-Liste aussieht wie der Stundenplan im Gymnasium. Es fehlten die Sorglosigkeit und Leichtigkeit von früher. Aber man hat Geld! Bloß die Energie, es auszugeben, hat man nicht.

Andererseits traut man sich nach der zweiten Pubertät immer mehr, sich zu befreien und sich selbst zu sein.

Man kennt seinen Körper besser und weiß, was er braucht (Nahrung, Stille und das eigene Bett). Man traut sich endlich, auch mal nein zu sagen. Die Richtung des Lebens und das Erfüllen der Träume nehmen konkrete Formen an. Nun ist auch der Mut da, mal etwas allein zu tun, weil man nicht immer zur Sicherheit einen ganzen Schwarm von Leuten um sich herum braucht.

Nicht zu vergessen, dass einem der Alkohol immer besser schmeckt, je älter man wird – und zwar in geringen Mengen. Man hat nicht mehr bloß den Gedanken im Kopf, wie man sich möglichst effektiv und preisgünstig die Birne zuknallt. Man traut sich sogar, das Budget eines ganzen Barabends in eine Massage zu investieren.

Außerdem sitzt es sich auf einem breiten Arsch stabiler, die Wampe trägt den Teller besser, ein Date treibt den Puls nicht mehr in die Höhe, weil man schon so viele Körbe gesammelt hat, dass man einen Laden aufmachen könnte, und der Sex wird auch immer besser. Falls man welchen hat.

MY IMAGINARY BOYFRIEND

Zuerst hatte ich Schwierigkeiten, zuzugeben, dass ich tatsächlich fast jeden Tag Selbstgespräche führte. Aber als ich begriff, dass ich schon im Mantel in der Diele eine Viertelstunde vor mich hin faselte, während mich meine Hunde, die dringend kacken mussten, anstarrten und auf das Ende meines Vortrags warteten, musste ich mich den Tatsachen beugen.

Ab da kam ich erst richtig in Fahrt. Ich hörte komplett auf, innerlich Gespräche zu führen, und ließ stattdessen die Stimmlippen singen. Weil ich merkte, dass ich die meiste Zeit mit einem random Typen redete, wurde mir klar, dass auch ich einen Freund hatte. My Imaginary Boyfriend. Meinen Fantasiefreund.

Zwar hatte ich während meiner gesamten Singlezeit mein Kissen umarmt und mir gewünscht, es wäre Pasi, der Brustwarzenhaarmann oder ein spontanes Begeisterungsobjekt von der Arbeit oder aus meinem Lieblingscafé, doch das war eine völlig andere Situation gewesen, denn ich hatte in mein Kissen geheult und mich *wirklich* nach einem anderen Menschen gesehnt.

Beim Fantasiefreund ist das anders. Er ist kein wirklicher Mensch, selbst wenn er einen lebendigen Doppelgänger haben sollte. Sehnsucht, Liebesverlangen und Redebedürfnis richten sich also gar nicht auf eine echte

Person, sondern auf eine Fantasiefigur, und genau aus diesem Grund kann man mithilfe der Fantasiefigur Gefühle verarbeiten, die man für einen echten Menschen hat. Für das Verlangen nach einem echten Menschen bestraft man sich leicht selbst, aber wenn man seinem Fantasiefreund eröffnet, dass man in ihn verknallt ist, hat man nichts zu befürchten.

Mir die Anwesenheit meines Fantasiefreunds einzugestehen, befreite mich von folgenden Überlegungen zu echten Männern: Warum habe ich ihn nicht gekriegt? Warum bin ich nicht gut genug? Wird er noch einmal zu mir zurückkommen? Solche Fragen hatten keine Bedeutung mehr, weil ich mir den Imaginary Boyfriend gönnte, der mal dieser und mal jener war und der mich akzeptierte und liebte. Ich machte mich nicht mehr nieder, weil ich Pasi nachweinte oder sexuelle Fantasien mit ihm oder auch mal mit meinem Chef hatte, weil ich Pasi gar nicht zurückhaben wollte. Ich hatte ihn ja schon – als Fantasiefreund. Sobald ich akzeptierte, dass in meinen Gedanken ein anderer Mensch existierte, fiel die Hälfte der Last, die ich vollkommen unnötigerweise auf meinen Schultern trug, von mir ab.

Immer wenn ich müde oder niedergeschlagen war, gab mir mein Fantasiefreund Geborgenheit, und nie kam es zu Streit oder Problemen, wie sie wirkliche zwischenmenschliche Beziehungen verursachen. Ich beobachtete nämlich aktiv und mit Interesse das Leben der Paare um mich herum, und deren Beziehungen waren absolut nicht einfach. Aber die Beziehung zwischen mir und meinem Imaginary Boyfriend war es.

Ein Paar, von dem ich dachte, es würde für immer zusammenbleiben, trennte sich. Ich hatte die Körpersprache der beiden gegliedert, analysiert und interpretiert, hatte mir ihre Geschichte angehört und Anzeichen dafür gesehen, dass die Beziehung perfekt war oder zumindest nahe daran, es zu sein. Es hätte die Liebesgeschichte des Jahrhunderts werden sollen, eine, die man von Generation zu Generation weitererzählt und über die Lieder geschrieben werden; ein grandioses Beispiel für uns alle. Dann erfuhr ich plötzlich, dass eine Partei die andere seit Jahren betrog und sich immer wieder in andere verliebt hatte. Alle meine Vorstellungen und Gewissheiten fielen in sich zusammen. In mich selbst hatte ich kein Vertrauen, weil ich noch so verloren war, aber nun beschlich mich auch noch das Gefühl, der Welt um mich herum ebenfalls nicht mehr vertrauen zu können. Alles schien ein einziger großer Schwindel zu sein. Vor allem die Liebe und die Menschen, die damit ihre Scherze trieben.

Ich fing an, die Welt als verdrehten, falschen, harten, ätzenden Ort zu sehen. Ich war durch und durch zornig und frustriert. Warum überhaupt noch etwas versuchen, wenn doch sowieso alles in den Arsch geht?

Zum Glück gibt man uns allen bei der Geburt ein Werkzeug an die Hand, mit dem man alles reparieren kann: den Imaginary Boyfriend. Er ist nicht perfekt und verkörpert auch nicht den Traum, ein realer Mann könnte es sein. Aber in Stunden der Einsamkeit und Verödung zeigt er Verständnis und gibt Halt. Er lacht über Witze und ist ein ausgezeichneter Liebhaber, zumindest schaut er gerne zu, wenn du masturbierst. Mit nacktem Oberkörper und frisch eingeölt kommt er im Bärentöteroverall in die Wohnung der Singlefrau, nimmt die Bohrmaschine in die Hand und bohrt so hart und kräftig ein Loch in die Wand, wie es noch nie jemand gebohrt hat. Er kommt und bohrt. Drückt den Bohrer mit aller Härte ins Loch. Stößt mit der Kraft seiner sämtlichen Muskeln zu. Und auch wenn man eine Stunde später noch immer kein Bild an die Wand hängen kann, hat man doch wenigstens ein glückliches Lächeln im Gesicht.

Und was das Beste ist: Der Imaginary Boyfriend gibt einem das Gefühl, dass man gut ist, und zwar genauso, wie man ist – mit allen unangenehmen Zügen, inklusive Zellulite und Hämorrhoiden. Win-win.

DER DILDO

Weil dem Imaginary Boyfriend der Schwanz fehlte, kaufte ich mir einen blauen Dildo.

Ich hatte die Nase voll von Männern und davon, dass es sie geben musste, um meine sexuellen Bedürfnisse zu befriedigen. Außerdem herrschte die weit verbreitete Auffassung oder sogar die dringende Empfehlung, jede Singlefrau müsse einen vibrierenden Schwanz aus Gummi haben.

Immerhin hatte ich sieben Jahre lang mit meinem Teddybären eine Beziehung geführt und war an regelmäßigen Sex gewöhnt (der freilich spärlich gewesen war, wegen des ruhigen und freundschaftlichen Charakters unserer Beziehung).

Indem ich für mich war, entdeckte ich meine Lust wieder, was mich freute. Während der Beziehung hatte ich mir eingebildet, kein sexueller Mensch zu sein. Ich dachte, Sex sei einfach nicht mein Ding. Ich spürte meine Vagina verschrumpeln wie eine unters Bücherregal gerollte und dort einsam und allein in Vergessenheit geratene Weintraube, die nie wieder jemand zum Vorschein bringen und schon gar nicht vernaschen will. Erst Jahre später findet die Katze die kleine Rosine, kostet sie, spuckt sie aus und geht dazu über, in der ganzen Wohnung wie wild damit zu spielen. Worauf die Frau des Hauses mit

Abscheu auf das neue Spielzeug der Katze blickt und es mithilfe eines Stücks Papier aufklaubt und in den Müll wirft.

Viel zu lange fühlten sich meine Vagina und meine Lust genau so an. Ich gewöhnte mich daran, und es wurde zur Konstante.

Zwar hatte ich die Schubladen voller vibrierender Geräte für die »Schultermassage«, zum »Rasieren der Beinhaare« oder zum »Zähneputzen«, aber keinen Gegenstand, der wie ein echter Penis aussah oder wenigstens daran erinnerte.

Also ging ich entschlossenen, mutigen und selbstsicheren weiblichen Schrittes in einen Sexshop und suchte mir im Korb mit den Sonderangeboten einen blauen Dildo aus. Ich weiß nicht, warum ich den billigsten von allen nahm. Vielleicht weil Pornoläden immer so seltsam sind – je schneller man wieder hinauskommt, desto besser. Zwischen all den Apparaten kam ich mir wie eine unsichere Jungfrau vor, die von nichts eine Ahnung hat und sich nicht einmal vollkommen darüber im Klaren ist, was sich bei ihr unten herum abspielt. Selbst wenn der Pornohändler ein ganz gewöhnlicher Mensch gewesen sein sollte, was er sicherlich auch war, setzte sich meine Fantasie mit fast schon übertriebenem Fleiß in Galopp, als er mich fragte, ob er mir behilflich sein könne.

Ich sagte »nein danke«, denn dank meiner Fantasie wirkte er wie einer, der sich zuerst eine Shampooflasche in den Anus schiebt und mir von dort aus Schaum in die Haare spritzt, um sie zu waschen. Ich verstehe selbst nicht, wie sich mein Kopf so etwas ausdenken kann, aber mir bleibt nichts anderes übrig, als damit zu leben und zu versuchen, die Coole zu spielen. Vielleicht griff ich gerade wegen dieses diffusen Zustands nach dem ersten Instrument, das wie ein Schwanz aussah. Zum Glück war es der heruntergesetzte blaue Dildo und nicht das Teil des Verkäufers.

Als ich mit meinem Gummipenis nach Hause kam, öffnete ich aufgeregt die Packung, wusch das Ding und legte die Batterien ein. Dann zog ich mich glücklich aus, lächelte selbstgewiss und dachte mir, jetzt blüht mein sexuelles Leben auf. Jetzt tue ich, was jede Singlefrau auf dieser Welt tut. Jetzt vergesse ich die Männer und den Herzschmerz. Ich repariere die Unsicherheit in mir, und anschließend wird es um mich herum vor sexueller Energie nur so leuchten.

Es leuchtete gar nichts. Mit dem hellblauen, vibrierenden Gummischwanz in der Hand wälzte ich mich in sonderbaren Stellungen im Bett, fand bei der Angelegenheit aber nicht den geringsten Genuss. Mein Arm war nicht lang genug, um das feuchte Utensil anständig rein und raus zu bewegen, meine Beine waren ständig im Weg, egal wo ich sie hinlegte, ich schmiss aus Versehen den Wecker vom Nachttisch, mein Handgelenk ermüdete, das Instrument knirschte und vibrierte, und die Hunde saßen neben dem Bett und glotzten, von wegen »Spielzeug haben, Spielzeug haben, Spielzeug haben«.

Irgendwann knautschte ich die Bettdecke zu einem menschlichen Torso zusammen, in dessen Mitte ich den Dildo platzierte, und sprang darauf. Aber der Dildo blieb in dem Haufen einfach nicht stehen, und meine Oberschenkel gaben nicht genug nach, um mich breitbeinig auf dem Deckenknäuel zu halten. Es zog so höllisch in den Sehnen und den Oberschenkelmuskeln, dass ich mich fragte, wie es mir jemals gelungen war, auch nur für eine einzige Penetration die Beine zu spreizen. Oder es war so, dass sich meine Beine durch das Singledasein allmählich schlossen, bis sie sich nur noch in einem Winkel von dreißig Grad öffneten, damit ich mir wenigstens auf dem Klo noch von vorne die Pipitropfen abwischen konnte.

Ich verstehe nicht, was ich mit dem künstlichen Schwanz eigentlich vorhatte, denn ich komme beim Penetrieren sowieso nicht, außer ich halte mir einen Vibrator von der Stärke eines Presslufthammers an die Klitoris.

Es war das erste und letzte Mal, dass ich mit dem Synthetikschwanz spielte. Bloß einmal schaltete ich ihn noch ein und legte ihn auf den Fußboden, weil meine Hunde ausrasteten, als er da surrte und sich langsam im Kreis drehte. Ich lachte, und das war am Ende die ergiebigste Erfahrung, die mir der Dildo bescherte. Dafür hatte es sich allemal gelohnt, 15,90 auszugeben.

Ein losgelöster Schwanz war einfach nicht mein Ding. Es fehlte der Mann daran. Ein Mann, dessen Arme man drücken, um den man die Beine schlingen, den man küssen und lieben konnte und dessen Schwanz nicht knirschte und vibrierte und auch nicht wie ein elektrischer Magnet auf Hundehaare wirkte.

Ich verstieß also den Schwanz und meldete mich stattdessen beim Yoga an, denn ich befürchtete wirklich, meine Beine würden sich bald nicht mehr weit genug öffnen, dass ein Mann dazwischenpasste.

DER SEELENHEILER

Im folgenden Jahr lernte ich vier neue Männer kennen.

Weil immer noch Pasi auf meinem Herzen lastete, legte ich die Männer flach wie Getreide, falls Getreidemähen heißt, dass alle drei Monate ein Halm fällt. Für mich ist das so, allerdings bin ich auch ein Stadtkind. Außerdem hatte ich die Vorstellung, dass es beim Singledasein darum ging, so oft wie möglich mit jemandem zu schlafen, denn wenn dann die Liebe zuschlägt, wäre das alles ein Leben, das hinter einem liegt.

Ich krallte mir also weiterhin random Typen, denn ich dachte, so würde ich die Liebe finden. Außerdem waren in meinem Bekanntenkreis nicht so viele Heteromänner unterwegs, dass ich aus dem Vollen hätte schöpfen können, nicht mal mit der kleinen Kelle.

Dazu kam, dass ich keinen an mich heranließ (außer im Bett). Ich war nicht fähig, auch nur einem meine Nummer zu geben, obwohl ich ihnen sonst alles Mögliche gab und machte. Ich wollte klare Grenzen ziehen in meinem Singledasein. Innerhalb dieser Grenzen war lediglich Platz für einen Penis. Mehr konnte ich nicht aufnehmen.

Ein Mann, den ich in einer Bar kennenlernte, bezeichnete sich selbst als Seelenheiler. Er setzte sich an meinen Tisch, gab mir Drinks aus und fing dann in Baggerabsicht an, nach Spannungen in meiner Seele zu suchen, indem er mit dem Finger auf irgendwelche »Schalter« an meinem Rücken drückte. Danach wollte er mich von meinen tiefsten Traumata heilen, die ich, soweit ich wusste, gar nicht hatte. Als die Bar zumachte, gingen wir also zu ihm und hatten ganz normalen Sex. Meine Seele wurde nicht geheilt, dafür durfte er während des Geschlechtsverkehrs an meiner benutzten Unterhose schnuppern, und ich bekam einen Pilz.

Ich weiß nicht, was für eine Logik darin steckt, aber kaum hat man mal Sex – ein- oder zweimal im Jahr – gerät die Vagina in einen derartigen Schockzustand, dass sie alles an Hefe, Pest und Schwarzem Tod anzieht, was es gibt. Es wird rot, es juckt und es läuft in allen Farben des Regenbogens bis zwischen die Zehen.

In der Woche darauf rieb ich meine Vagina zuerst mit dem Fahrradsattel und dann mit den Oberschenkeln, als ich zur Apotheke eilte, um dort im Regal nach einem Pilzmedikament zu suchen. Ich konnte nicht anders, ich musste lachen. Immer wenn ich mir einbildete, keine Männer mehr, weil das Angebot halt ist, was es ist, kreuzte ein neuer Typ auf. Den Heiler wollte ich allerdings nicht mehr sehen, denn sein Voodoo ging mir über den Verstand und meiner Vagina über die Bakterientoleranz.

Der Seelenheiler hingegen hätte mich am liebsten jeden Tag gesehen. An mindestens vier Tagen die Woche schickte er mir Nachrichten, obwohl ich auf die meisten gar nicht reagierte. Und selbst als ich antwortete, ich sei nicht interessiert, kamen weitere Nachrichten.

Schließlich fragte ich ihn, ob er mich in Ruhe lassen

würde, wenn er eine benutzte Unterhose von mir bekäme. Von diesem Gedanken war er begeistert und er stimmte zu. Also trafen wir uns in der Abenddämmerung auf halbem Weg zwischen unseren Wohnungen, und ich überreichte ihm einen Minigrip-Beutel mit einer Unterhose, die ich einen Tag lang getragen hatte. Es haftete Hefe daran.

DER ANUSMANN UND SEIN FREUND

Ich hatte einen sexähnlichen Akt im Sinn, als ich mir am Rand der Tanzfläche diesen Mann schnappte, der aussah wie Edward mit den Scherenhänden. Er war allein, seine schwarzen Haare standen in alle Richtungen ab. Als ich mich mit schwingenden Hüften an ihn heranmachte, schnappte er sofort nach dem Köder, nahm mich mit an die Bar, bestellte einen Drink und fragte, wo ich wohne. Er war eindeutig bereit. Außerdem wartete draußen schon eine Mitfahrgelegenheit auf uns. Das war zweifellos ein bisschen seltsam, aber nicht so seltsam wie das, was in dieser Nacht noch kommen sollte.

Scherenhand und ich kamen zu mir, und wieder war ich innerhalb von zwei Sekunden nackt (ich sollte an der WM im Schnellausziehen teilnehmen). Der Mann sah mich an wie ein Hund den Speck. Dann teilte er mir mit, ich sei die schönste und sexieste Frau im ganzen Club gewesen. Wuh.

Danach fing er an, meinen Hinterspeck anzuwärmen, indem er daran leckte. Analsex ist so anspruchsvoll und zeitaufwendig und fühlt sich überdies an, als kackte man in sein eigenes Bett, sodass man nicht gerade jedem X-Beliebigen den Kofferraum anbietet. Aber im Suff erlaubte ich dem Mann, in mein Fenster zum Weltall zu linsen. Er rammelte meinen Arsch eine Weile nach Strich und Faden, dann ging er nach Hause. Ich blieb im Bett liegen und dachte, das bekommt man, wenn man nimmt, was man kriegt. Danach schlief ich ein, glücklich, dass der Typ nicht über Nacht geblieben war.

Scherenhand und ich hatten nichts, worüber wir reden konnten, und von meiner Seite aus war er eindeutig eine überstürzte Wahl gewesen. Ich hatte davon nichts gehabt, außer dass ich später einmal sagen konnte: Auch ich habe meine Männer gehabt. Ich schlief vielleicht eine Stunde, als es an der Tür klopfte. Schlaftrunken schleppte ich mich hin, um zu gucken, ob Scherenhand etwas bei mir vergessen hatte. Ich machte die Tür einen Spaltbreit auf. Draußen stand nicht Edward, sondern Edwards Kumpel. Derjenige, der uns zu mir gefahren hatte.

Ich stand splitternackt in der Tür, mir gegenüber ein zwanzigjähriges Milchgesicht, das mich anglotzte. Der Bengel fing unverzüglich eine fröhliche Konversation auf Englisch mit mir an, die ungefähr so lief:

»Hi, ist mein Freund hier?«

»Was? Nein.«

»Darf ich reinkommen?«

»Nein. Ich bin nackt.«

»Macht nichts. Ich kann mich auch ausziehen.«

Er hob sein Hemd an und zeigte mir, dass er darunter nackt war. Ungläubig starrte ich seine Brustwarzen an. Was geht hier ab, verdammt, fragte ich mich, und dabei traten mir die Augen aus dem Kopf und dem Bürschchen stand wahrscheinlich der Penis in der Unterhose. Er setzte seine dreiste Verkaufstaktik fort wie ein Profi.

»Darf ich dich was fragen?«

»Na?«

»War mein Freund gut im Bett?«

Mit weit aufgerissenen Augen starrte ich den Kerl aus dem Dunkel heraus an, während einer meiner Hunde versuchte, die Nase durch den Türspalt zu schieben. Der andere schnüffelte an meinen Pobacken und schleckte ein bisschen daran. All das kam mir ziemlich seltsam vor.

Der Mann fuhr fort: »War mein Freund gut im Bett? Es kann nämlich sein, dass ich besser bin!«

Dazu fiel mir nichts mehr ein, also machte ich die Tür zu. Ich hörte ein Klopfen und ein letztes Aufjaulen von draußen: »Please, ich hab schon so lange keinen Sex mehr gehabt!«

Ich holte mein Handy und antwortete ihm durch die Briefklappe, ich würde jetzt die Polizei rufen. Um ihm zu drohen, leuchtete ich dazu mit dem Handylicht durch den Schlitz. Kurz darauf hörte ich hastige Schritte im Treppenhaus.

Schnaubend vor Wut ging ich wieder ins Bett. »So funktioniert eine Frau nicht. Dass man zuerst den einen ranlässt und dann den anderen. In Zweierreihen aufstellen. Hintereinander und mit gerecktem Schwanz bereit«, brabbelte ich vor mich hin. In Wirklichkeit dachte ich, dass ich es gut und gern noch einmal hätte tun können, vorausgesetzt er hätte meinen Hinterspeck nicht angerührt, denn der war empfindlich. Aber wenn ich es getan hätte, spekulierte ich, würde bald eine hundert Meter lange Speckschlange vor meiner Tür stehen.

Noch nie hatte ich mit jemandem eine so sonderbare

Nacht verbracht. Es hatte auch noch nie ein Mann vor meiner Tür um Sex gefleht. Vielleicht lag hier ein Kulturunterschied vor, denn die Jungs mussten von ihrem Land aus ein ganzes Stück unterwegs gewesen sein, bevor sie Finnland erreicht hatten. (Ich war schon als Kind schlecht im Lesen von Ethnien gewesen. Als ich mit vier einem Hausierer die Tür aufmachte, der pechschwarz war und Englisch sprach, rief ich, Mama, hier steht ein Schwede. Ich erkannte, dass er eine andere Farbe hatte, und ich wusste, dass es Schweden gab. Nun, der Mann war kein Schwede gewesen. Das war in den Achtzigerjahren, als man noch »Wer hat Angst vorm schwarzen Mann« spielte und die Schokoküsse anders nannte.)

Als ich am nächsten Morgen mit verkatertem Schädel die Augen aufschlug, dachte ich, das also ist das Singledasein. An diesem Tag vergoss ich keine Träne. Stattdessen schied ich etwas Blut aus, weil der Typ mit solcher Wucht meine Darmwände traktiert hatte.

MISTER STERIL

Das Gesetz des Karma erkennt man daran, dass absolut nichts für einen herausspringt, wenn man frisch geshaved und zurechtgemacht in eine Bar geht und bereit ist, jeden anzubaggern, der einem über den Weg läuft. Aber Gott bewahre, wenn die Härchen bis zu den Oberschenkeln hinauf sprießen, unter den Achseln Zöpfe kitzeln und einem die Haare fettig bis auf die Wangen fallen – dann hat man sofort einen Mann im Arm.

Genauso erging es mir mit diesem Spaßmacher.

Ich lernte ihn kennen, wo man sich eben so kennenlernt, also am Bartresen. Er sah um drei Uhr morgens noch picobello sauber und gepflegt aus. Wie einer, der von seiner Mutter gelernt hat, wie man auf sich achtet; dass man regelmäßig das Geschirr spülen und auch mal die Wohnung saugen muss, dass man sich jeden Tag kämmt und so weiter.

Er sah auch noch so aus, als ich am nächsten Morgen in seinem Arm aufwachte. Seine Haare waren so in Form geblieben, dass ich mich kurz fragte, ob er den Kopf überhaupt auf dem Kissen abgelegt hatte. Zumal sein Nacken ein bisschen steif aussah. Als hätte er seinen Kopf die letzten sechsunddreißig Jahre in der Luft gehalten – auch nachts. Ich wiederum hatte für die Nacht den Pferdeschwanz aufgemacht, aber dank des Zusammenspiels von

Trockenshampoo und Haarlack waren die Haare in derselben Haltung verharrt wie mit Pferdeschwanz, was in diesem Fall überhaupt nicht gut war. Außerdem grinsten in meinem Gesicht vertraute Freunde: drei schöne Pickel mit weißen Köpfchen. Mein Atem roch nach einer Käseplatte.

Der Typ, der neben mir lag, kam mir in seiner Sauberkeit fast ein bisschen verdächtig vor, aber der Sex war in technischer Hinsicht sehr gut gewesen, dafür, dass wir uns erst so kurz kannten. Und meine Müllhaldenhaftigkeit schien ihn nicht gestört zu haben.

Später bekam der Mann von mir den Namen Mister Steril, denn solche One-Night-Stands laufen nie unter dem echten Namen, wenn man mit Freundinnen über sie spricht. Das wäre zu irritierend. Würde eine meiner Freundinnen zum Beispiel plötzlich von einem gewissen Pekka reden, müsste ich ihre Redeflut unterbrechen und fragen, welcher Pekka. Redet sie aber vom »Finger-im-Po-Mann«, weiß ich sofort, um wen es geht.

Als ich am Gehen war, fragte Mister Steril, ob ich seine Handynummer wolle. Ich stand gereizt in der Diele und antwortete, ich tauschte keine Nummern mit fremden Männern. Dann wunderte ich mich laut darüber, dass er mir seine Nummer anbot: Wäre es nicht mehr gentlemanlike, mich um meine Nummer zu bitten? Steril zog sein Handy aus der Tasche und fragte mich verlegen und ein bisschen verärgert nach meiner Nummer.

»Die kriegst du nicht«, antwortete ich und ging. Im Treppenhaus spürte ich eine warme Welle des Glücks durch meinen Körper gehen. Ich fühlte mich als selbstständige Frau, die selbst über ihre Telefonnummer entscheidet.

Überraschenderweise nahm Steril in der folgenden Woche über Facebook Kontakt mit mir auf. Irgendwie gefiel mir das. Ich hatte den Mann von mir weggeschoben, und er meldete sich trotzdem. Eindeutig beziehungstauglich.

Wir trafen uns noch in derselben Woche in einem Restaurant. Die Stimmung war entspannt. Steril sah wieder so aus, als hätte er die letzten beiden Nächte mit gerecktem Hals geschlafen, sprich, es war alles wie zuvor. Wir tranken eine Flasche Weißwein. Ich wollte Wein statt Bier, denn ich ahnte, dass es zum Sex kommen würde. Bei Wein muss man nicht so schrecklich pinkeln, ich jedenfalls nicht. Mister Steril hingegen schien Schwierigkeiten zu haben. In anderthalb Stunden ging er dreimal aufs Klo. Außerdem sprühte er sich mindestens viermal Desinfektionsmittel auf die Hände.

Zuerst traute ich mich nicht, über sein sonderbares Verhalten zu witzeln. Ich dachte mir, dass er vielleicht einen kleinen Durchfall oder sonst eine Magenkrankheit hat. Meine Lust sank auf Minusgrade.

Trotzdem fragte ich ihn, ob alles okay sei.

»Ja, wieso«, gab er ernst zurück. Ich lachte und sagte aus Versehen, du scheinst dich mit Durchfall bekleckert zu haben. Steril lachte nicht, und wir schwiegen nach meinem Witz eine Weile, der nicht einmal witzig war und überhaupt keinen Zusammenhang hatte. Innerlich verpasste ich mir ein paar Faustschläge.

Das Schweigen wurde gebrochen, als Steril vorschlug, zu ihm zu gehen. Ich fragte vorsichtig, ob er auch ganz sicher sei. Steril brachte seinen steifen Nacken so energisch zum Nicken, dass ich beschloss, den Abend mit ihm fortzusetzen und den Durchfall zu vergessen.

Als ich Sterils Wohnung mit ziemlich nüchternen Augen wiedersah, war ich überrascht. Ich wusste nicht mehr, wie weiß alles war. Alles vom Feinsten. Und weiß, wo man hinsah, hauptsächlich Weiß. Dazu ein bisschen Metall und schwarzer Nippes.

Ich dachte daran, dass in meiner Wohnung der alte Flickenteppich meiner Oma lag und dass ich nicht mal ein Regal besaß, in das ich Nippes stellen könnte, denn ich hasse alle überflüssigen Staubfänger. Kein Gegenstand in meiner Wohnung harmonierte hübsch mit einem anderen. Mein Schreibtischstuhl hatte eine andere Farbe als die anderen Sachen. Das Gleiche galt für meine Tagesdecke, meine Vorhänge, für alles – allerdings waren das auch schon so ziemlich meine Sachen. Ich hatte sie mir aus dem zusammengesucht, was andere wegwerfen wollten.

Bei Steril war alles so perfekt kombiniert, dass ich mir kurz vorstellte, mich in einer finnischen Version von American Psycho zu befinden. Aber dann passierte zum Glück etwas, das mich beruhigte. Mister Steril ließ in der Küche einen fahren, als ich im Wohnzimmer saß. Psychos pupsen nicht. Sie haben Durchfall, aber sie pupsen nicht. Alles gut also. Ich dachte schon, ich könnte mich an das klinische Ambiente vielleicht gewöhnen. Vielleicht würden wir beide doch noch ein Paar werden.

Dieser Gedanke setzte allerdings noch am selben Abend ziemlich schnell aus. Wir hatten im Wohnzimmer auf dem weißen, haarigen Teppich Sex. Er war nicht bereit, es mir oral zu machen, denn er nahm es mit diesen Dingen genau. Er sagte, er habe Angst vor Geschlechtskrankheiten, was ich durchaus verstand. Ich war also nicht überrascht, dass er so verfuhr, wie wir alle es beim Sex mit Unbekannten tun sollten. Ich bekam demnach keinen Orgasmus, war es allerdings gewohnt, dass sich Männer darüber nicht sonderlich viele Gedanken machten. Und ich konnte es nicht einfordern, denn wenn ich einen zwingen muss, mich zu befriedigen, komme ich nie. Mein Orgasmus entsteht dadurch, dass der andere Lust auf mich hat und den Wunsch, mir etwas Gutes zu tun. Wenn ich den anderen nicht richtig kenne, komme ich sowieso nicht unbedingt, sodass ich mir wegen meines Orgasmus normalerweise keinen Stress mache.

Als wir nach dem Sex eine halbe Stunde auf dem vor Reinheit strotzenden Teppich gelegen hatten, traute ich mich, einen Kommentar über die Sauberkeit der Wohnung abzugeben und darüber, wie schön es war, wenn die Bücher alle so ordentlich dastanden. Steril sah mir kurz in die Augen, und ich befürchtete schon, aus Versehen einen weiteren kleinen Durchfallwitz von mir gegeben zu haben.

Dann seufzte er und fing an. Er öffnete sich mir. Über alles. Über seine Kindheit, über seine Mutter, seinen Vater, seine Geschwister, seine Verwandten, seine erblichen Vorbelastungen. Normalerweise öffnet sich ein durchschnittlicher Heteromann einer Frau gegenüber so weit über seine Gefühle wie seinen Anus für schwulen Sex; der Muskel spannt sich derart an, dass er die Hälfte der Hinterbacken mit hineinzieht. Ich war also leicht überrascht von dieser Offenheit, aber schon bald verriet Steril, dass es ihm wahnsinnig leichtfalle, mit mir zusammen zu sein, und er das Gefühl habe, mit mir über alles reden zu können. Und das tat er dann auch. Vielleicht kam es daher, dass ich selbst über meine gelegentlichen Panikattacken gesprochen hatte. Im Restaurant hatte ich ihm erzählt, dass es in meinem Körper etwas gab, das meinen Kopf in weniger als einer Sekunde durcheinanderbrachte, und gegen das ich so gut wie nichts tun konnte.

Ich lag nackt auf dem Teppich und hörte mir die Geschichte von Mister Sterils Zwang an, sich ständig die Hände zu waschen und ungefähr siebenunddreißig Mal am Tag zu überprüfen, ob nicht etwa der Herd oder die Kaffeemaschine angeblieben waren. Wenn er das Haus verließ, umklammerte er Autoschlüssel, Portemonnaie und Handy, damit er sie ja nicht vergaß. Schloss er die Tür, vergewisserte er sich dreimal, ob sie wirklich zu war. Dann starrte er wieder auf Schlüssel, Handy und Portemonnaie, ob er sie auch wirklich noch in der Hand hatte.

Offenbar war dieses Zwangssymptom eine erbliche Vorbelastung. Sterils Urgroßmutter hatte in ihrer Achtlosigkeit mit einem unbeaufsichtigten Kienspan das ganze Haus angezündet. Dieses Trauma wurde von Generation zu Generation weitergereicht, und jetzt hatte er es zu tragen. Ich wiederum hatte das Gefühl, zu Hause die Kaffeemaschine angelassen zu haben.

Anscheinend kontrollierte Steril alles ständig so genau, dass er sogar beschlossen hatte, es zu seinem Beruf zu machen. Steril war Wirtschaftsprüfer.

Der Akt lag inzwischen eine Stunde zurück – das las ich an der schwarz-weißen Wanduhr ab –, und ich fror dermaßen, dass ich versuchte, mich mit den Teppichflusen zuzudecken. Steril bemerkte sehr wohl, dass ich fror, aber statt mir eine Decke zu geben, zog er mich ganz eng an sich. Ich steckte so fest in seiner wohlriechenden Umklammerung, dass ich das Gefühl in der linken Hand verlor. Und ich kam von ihm nicht weg, denn er plapperte wie ein Maschinengewehr, und immer wenn ich versuchte aufzustehen, sagte er laut, er sei noch nicht fertig. Er vergoss sogar eine Träne. Schließlich versuchte ich gar nicht mehr, wegzukommen, sondern ergab mich meinem Schicksal als Therapeutin.

In gewisser Weise fand ich es lustig, aber dann auch wieder gar nicht. Steril seufzte tief, und eine Therapieträne kullerte ihm über die Wange, als er vielleicht aus etwas Mitleid meine Wange streichelte. Aus Mitleid deswegen, weil ich nicht von so schweren Erfahrungen zu berichten hatte. Und die Stille hielt an. Nachdem ich sie eine Viertelstunde lang ausgehalten hatte, wagte ich es, aufzustehen. Dabei sah ich einen Blutfleck auf dem Teppich. Irgendeine blutige Fickschmiere war aus mir herausgelaufen. Schockiert starrte ich auf den Fleck, nahm meine Klamotten von der Couch, zog mich an und sagte, ich müsse nach Hause, um die Hunde auszuführen. Steril rannte auf die Toilette, und ich rannte in die Küche, um einen Lappen zu holen, mit dem ich so lange den Teppich schrubbte, wie ich es aus der Toilette plätschern hörte.

Danach habe ich Steril nie mehr zugehört und ich weiß nicht, ob es mit dem blass gescheuerten Blutfleck auf dem Teppich zu tun hat oder damit, dass er einer Wildfremden die Traumata seiner Kindheit offenbart hatte. Vielleicht waren ihm auch meine Durchfallwitze zu viel gewesen.

Zwei Jahre später sah ich Steril mit einem Kumpel auf der sonnigen Terrasse vor einem Café sitzen. Ich hätte ihn fast nicht wiedererkannt, denn sein Hemd hatte einen Fleck und seine Haare waren etwas zu lang und ungekämmt. Außerdem strahlte er übers ganze Gesicht. Ich wollte die beiden nicht stören und auch sonst nicht mit einem Typen reden, den ich so gut wie nicht kannte. Aber während ich mich am Café vorbeipirschte, dachte ich, dass meine Bestimmung womöglich darin bestanden hatte, ihm auf seinem Weg die Tore zu öffnen.

Denn manche Menschen haben die Aufgabe, anderen den Weg zu zeigen und den umgestürzten schweren Wegweiser aufzurichten, aber nicht mitzugehen.

MIKA UND DER STIEL SEINER AUFGUSSKELLE

Jedes Mal wenn man als Single einen interessanten Typen kennenlernt, fängt man im Geist relativ schnell an, ein Spielbrett zu basteln, auf dem man den Verlauf der gesamten gemeinsamen Geschichte vor sich sieht. Man klebt Stimmungen und Momente der ersten Begegnung zusammen, die man dann zwei Jahre später seinen Freundinnen erzählen kann. »Ich hatte einen miserablen Tag gehabt und stand in voll explodiertem Zustand in der Schlange vor der Kasse, als ER mich auf einen Kaffee einlud.« »Ich hatte gerade beschlossen, nie mehr eine Beziehung zu wollen, als ER mir die Nachricht schickte, er habe von mir geträumt.« »Ich fuhr ins Ausland, um ein bisschen Spaß zu haben, aber schon im Flughafenbus lernte ich IHN kennen, und es ging los.« Dieses Spielbrett entsteht also daraus, wie sich die Beziehung entwickelt. Wer zweimal ein Date gehabt hat, kreiert innerlich bereits den Anfang einer lebenslangen Geschichte. Genauso ging es mir.

Ich packte meine Tasche für eine Party in einem Sommerhaus auf dem Land, fuhr mitten in einen Wald hinein und trank dort zwei Tage lang mit Freundinnen und Freunden. Mit dabei war auch ein süßer Bekannter aus meiner Kindheit, und damit rückten die Steine auf meinem Spielbrett vorwärts. Plötzlich verstand ich, dass nichts romantischer ist, als sich im Erwachsenenalter in einen Kindheitsfreund zu verlieben.

In solchen Sommerhausaufenthalten verdichtet sich normalerweise eine Wahrheit: Was im Sommerhaus passiert, bleibt im Sommerhaus. Sofern man deswegen nicht im Gefängnis, auf dem OP-Tisch, auf dem Friedhof, in der Entbindungsklinik oder beim Scheidungsanwalt landet. Wenn man in ein Sommerhaus auf dem Land fährt, muss man akzeptieren, dass man für die Dauer dieses Wochenendes den Lauf des Lebens nicht in den eigenen Händen hält. Man muss verstehen, dass alles passieren kann. Will man trotzdem dabei sein, geschieht es auf eigene Verantwortung.

Partys in Sommerhäusern auf dem Land sind bekanntermaßen welche, bei denen sich im Nu sämtliche Grenzen in den Tiefen des Waldes auflösen. Freunde werden umarmt und geküsst, Penisse werden gemessen und mit Gegenständen behängt, Frauen reiben sich aneinander, weil Männer ihnen dabei zuschauen, man verrät sich gegenseitig Herzensangelegenheiten, vergießt ein paar Tränen und teilt mit, was für ein guter Typ der und die ist.

In solchen Momenten kann im Kopf eines Menschen der Gedanke entstehen, hey, du und ich, wir haben so viel gemeinsam, wir sollten zusammen sein. Hicks. Hier fängt gerade was Großes an. Hicks.

In Wahrheit fängt überhaupt nichts an. Alles ist nur der Rausch des Sommerhauses.

Von einigen Leuten weiß man nur deshalb noch die Namen, weil sie Facebook-Freunde sind. Also Freunde, die man zuletzt vor zehn Jahren gesehen hat und die man im nüchternen Zustand nicht auf der Straße grüßen würde, selbst wenn man mit ihnen einen Unfall bauen, die Polizei rufen und dann vor Gericht kommen würde, denn beide wollen nicht mit dem anderen reden, weil es nichts zu sagen gibt. Es rutscht einem höchstens etwas heraus, von wegen weißt du noch, wie ich dir als Kind mit einem Johannisbeerblatt den Arsch abgewischt habe und du das Gleiche bei mir gemacht hast, bis meine Mutter es verboten hat? So sehen die gemeinsamen Erinnerungen mit meinen Kindheitsfreunden aus.

Nachdem wir die ganze Nacht gebechert hatten und die wärmenden Strahlen der Morgensonne schon die Wand des Sommerhauses berührten, eröffnete ich meiner Freundin, ich fände einfach keinen Mann. Und zwar tat ich das heulend. So etwas tut man immer heulend, sonst wirkt es nicht dramatisch genug. Schon im nächsten Satz eröffnete ich ihr, ich sei wahrscheinlich schon immer in Mika verliebt gewesen, mit dem ich bereits als Kind im Sandkasten die Schaufeln getauscht hatte. Später hätte ich dann kein weiteres Interesse für ihn empfunden – bis zu dieser Sommerhausparty. Rotz und Tränen liefen mir ins lauwarme Bier, und meine Freundin speichelte in ihren Minzschnapsbecher, weil sie ihre eigene Trennung beweinen musste. Wir beschlossen, die Sauna zu heizen, die bestimmt schon eine Stunde lang abgekühlt war. Es ging bereits auf fünf Uhr morgens zu.

In der Sauna hockte einsam und allein Mika, der in Ekstase aus Versehen die untere Pritsche kaputt gemacht hatte. Wodurch die Ekstase entstanden war, haben wir nie erfahren. Meine Freundin ließ Mika und mich mit den Reparaturarbeiten allein. Die Sauna wurde an diesem Morgen nicht mehr beheizt und auch die Pritsche nicht repariert.

Nach brünstigem, betrunkenem Knutschen schleppten wir uns ins Haus. Ich hatte eine strohtrocken gesoffene Vagina und Mika einen Halbständer.

Wir lagen höchstens eine Viertelstunde in Löffel- und Gabelstellung im achtzig Zentimeter schmalen Bett, als man aus der Wohnküche einen unbändigen Radau hörte. Die Frühaufsteher unter den Jungs hatten die Motorsäge entdeckt und eine kleine Birke vor dem Haus gefällt. Nun wollten sie ihre großartige, mit Männerschweiß erlegte Beute auf dem Küchentisch präsentieren, damit sie von allen bewundert werden konnte, so wie eine Gastgeberin Blumen aus dem Garten hereinholen würde, um für Atmosphäre zu sorgen.

Es dauerte nicht lange, bis die Motorsäger mithilfe des Birkenwipfels den Vorhang zum Schlafzimmer zur Seite geschoben hatten, hinter dem der blanke Hintern von Mika zum Vorschein kam, der gerade dabei war, mit schlappem Schwanz in mir herumzumurksen. Kann ein Liebesmorgen besser beginnen?

Der Samstag war lange schon angebrochen, als die Schläfer im Sommerhaus unter ihren Decken die Köpfe hoben. Pritschen-Mika und ich waren verliebt, und das blieb niemandem verborgen. Der Tag verlief entspannter als der vorige, denn alle hatten einen Kater und kamen nicht noch einmal in Fahrt. Pritschen-Mika und ich saßen in der Abenddämmerung auf der Terrasse und schauten unseren nackten Freunden zu, die von der Sauna in den See und von dort zurück in die Sauna rannten.

In diesem Moment lag alles, was man von der Liebe erwarten konnte. Gemeinsame Vergangenheit, gemeinsame Freunde, Sonnenuntergang, Sekt im Glas und auf den Lippen der frische Duft von einem Ding.

Seine Hand lag auf meinem Oberschenkel – genau bis zu dem Augenblick, in dem ich ihm erzählte, wie ich mit sechs Jahren versucht hatte, meinen Hund dazu zu bringen, mir die Vagina zu lecken. Ich lockte den Hund, damit er »ein bisschen schnupperte«, aber er wollte nicht. Und meine Mutter war nicht besonders erfreut, als sie sah, wie ich vor unserem kleinen Familienhund mein bestes Stück schwenkte. Auch der Hund freute sich nicht. Er lag in seinem Bettchen und sah aus, als ginge ihm alles gegen den Strich.

In seiner Panik versuchte Pritschen-Mika, über etwas anderes zu reden, und schaffte es mit Ach und Krach, herauszuwürgen, dass ich ja jetzt zwei Hunde hätte. Als er kapierte, dass er mir mit diesem Einstieg gerade angedeutet hatte, ich würde weiterhin vor meinen Hunden die Beine breit machen, stand er langsam auf und sagte, er gehe mal pissen.

Den ganzen Samstagabend über war er ziemlich distanziert. Ich dachte trotzdem nicht, dass alles verloren war. Schließlich hatten wir bereits den Anfang einer gemeinsamen Geschichte. Einschließlich Vögeln und Birken und allem Drum und Dran.

Als sich am Sonntag der Spätnachmittag ins Sommerhaus schlich, machte sich unsere Schar allmählich auf den Heimweg. Wer fahren konnte, setzte sich ans Steuer, und wir verließen in aller Stille den Ort, den wir samt der Motorsäge als warme Erinnerung im Herzen behalten würden. Alle, die im Sommerhaus gewesen waren, verbrachten eine furchterregende Katzenjammernacht, aber danach lief es wieder normal und der Sommer ging mit vollem Tempo in den Herbst über.

Allerdings sagten wir uns und anderen den ganzen Sommer über die Sprüche vor, die im Sommerhaus entstanden waren. Wer mit wem gebumst hatte, interessierte von denen, die im Wochenendhaus dabei gewesen waren, niemanden, alle anderen aber interessierten sich extrem dafür. Das Interesse am Sexualleben anderer ist allerdings ein natürlicher Bestandteil der Jugend. Wenn man jung ist, findet man es natürlich am besten, heimlich Pornos zu gucken, aber weil man sich dafür mit 25 nicht mehr zu schämen braucht, muss sich das Interesse auf Akte im wirklichen Leben richten. Darum wurde den ganzen Sommer lang heftig getuschelt, und über die skandalöse Affäre zwischen Pritschen-Mika und mir wussten alle Bescheid.

Der Hauptgrund dafür war ich. Weil ich dank Pritschen-Mika seit langer Zeit mal wieder den Stiel einer Aufgusskelle zu spüren bekommen hatte, zumindest bis die Birke in unser Schlafzimmer gestoßen wurde, redete ich wochenlang über meine neue Liebe. Ich schickte ihm fast täglich Nachrichten und fragte mich, ob er nun derjenige war. Diese Geschichte könnte ich schön den Enkelkindern erzählen. Ich weiß allerdings nicht, wessen Enkelkindern ich sie erzählt hätte, denn Ende des Sommers erfuhr ich, dass sich Pritschen-Mika gleichzeitig zwei weitere Saunaöfen warm hielt. Zuerst ahnte ich etwas aufgrund seines Verhaltens. Er schickte keine Mitteilungen mehr von sich aus, sondern antwortete nur noch auf meine Nachrichten. Schließlich wurde ich wegen meines Verdachts verrückt und fragte ihn direkt. Worauf ich eine direkte Antwort bekam. Er interessierte sich für mehrere Frauen und konnte sich nicht entscheiden, mit welcher er zusammen sein wollte. Ich beschloss, dass unsere Geschichte damit zu Ende war, denn ein Wettkampf um Mika war eine ziemlich deprimierende Vorstellung.

Aufgrund eines einzigen Wochenendficks hatte ich bereits den gemeinsamen Grabplatz geplant. Pritschen-Mika hingegen hatte sich nach sechs Jahren Beziehung gerade erst getrennt und zog mit gebrochenem Herzen und aufgerichtetem Schwanz weiter.

Aber so ist das Leben. Man lernt dazu und fängt von vorne an. Und versteht, dass man angesichts bestimmter Dinge nur demütig und still sein kann und aufhören muss, zu analysieren.

Die Liebe ist eines dieser Dinge. Und Fahrten ins Sommerhaus sind es auch.

ABTREIBUNG

Ich lernte den Mann in einer Bar kennen, so wie meistens. Sein Name war irgendwas mit A. Vielleicht Antti. Oder Vesa. Also vielleicht doch was mit V.

Alles lief wie immer. Zuerst zu mir, dann unter die Dusche und ins Bett. Das Kondom war irgendwo da unten, vielleicht richtig drauf, vielleicht nicht. Am nächsten Morgen ging er.

Diesem Fick von zehn Minuten folgte eine entsetzliche Qual. Und ich rede jetzt nicht von Brennen beim Pinkeln oder einer juckenden Pilzentzündung. Ich rede von normalem besoffenem Bumsen, bei dem ein Teil der Ladung in mir landete. Ich glaubte, das Kondom wäre drauf, und der Typ behauptete auch, dass es das war – bis zu dem Moment, in dem er plötzlich seine Fäden auf meinen unteren Rücken schießen ließ. Ich wusste trotzdem, dass mir in der Nacht etwas über den Oberschenkel lief, was meine Vagina nicht von sich aus produzierte. Er musste das Gummi abgenommen haben, bevor er gekommen war, und hatte anscheinend kurz ohne Gummi Anlauf zu seinem Orgasmus genommen. Womöglich dachte er, es wird schon nichts passieren. Und dass es schwer ist, mit Gummi zu kommen. Ich bin selten wütend, aber jetzt erfasste die Wut meinen ganzen Körper.

Ich jagte den Kerl am Morgen davon und rannte zur

Apotheke. Ich war wütend auf mich und auf ihn. Rasend vor Wut nahm ich die Pille danach. Laut Packung wirkte sie mit fünfundneunzigprozentiger Sicherheit.

Aber ich gehörte zu den anderen fünf Prozent. Die Regel kam nicht, stattdessen kamen Rückenschmerzen. Ich machte einen Schwangerschaftstest, und der fiel positiv aus. Mein Herz hämmerte im falschen Rhythmus. Ich konnte es nicht glauben. Vor Entsetzen konnte ich nicht einmal weinen.

Ich rief die Ärztin an, um einen Termin zu vereinbaren, und hoffte, die Krankenschwester würde mir am Telefon sagen, dass die Tests aus dem Supermarkt nichts taugten. Dass sie nicht zuverlässig waren. Aber nein. Sie sagte, doch, Sie sind schwanger.

In diesem Stadium meinte ich, dass der Mann Sami hieß. Oder Simo. Oder Timo. Einer, mit dem ich kein Kind haben wollte. Erstaunlich war, dass ich, die ich immer allen alles erzählte und offen und ehrlich war, nun ganz still wurde, was diese Angelegenheit betraf. Neben dem Studium arbeitete ich in Teilzeit und musste allen sagen, dass ich zur Ärztin gehe, konnte oder wollte aber nicht sagen, warum. An drei Tagen hintereinander musste ich hin und konnte nichts sagen. In den Augen meiner Arbeitskolleginnen benahm ich mich plötzlich anders als sonst. Ich war still und schweigsam. Einige konnten ihre Neugier nicht beherrschen und fragten, warum ich ständig zum Arzt ging.

»Ach, das ist bloß eine Kleinigkeit«, meinte ich verlegen.

Nur einer einzigen Freundin erzählte ich davon. Sonst wagte ich niemandem etwas zu sagen. Ich hatte Angst, mit Leuten zu reden, die schon Kinder hatten. Es wäre mir vorgekommen, als spräche ich mit ihnen übers Töten. Ich hatte Angst, mit Pärchen zu reden, die vielleicht versuchten, ein Kind zu bekommen, denn dann wäre ich auch wieder die Mörderin gewesen. Zwischenzeitlich hatte ich Angst, selbst an das Ganze zu denken, obwohl ich wusste, dass ich den kleinen Simo, Timo, Sami, Antti, Vesa aus mir raushaben wollte. Ich hatte Angst, dass ich ihn doch behalten wollte, weil ich wusste, dass ich es eigentlich nicht wollte. Nicht so.

Ich sprach den Fall mit der Krankenschwester durch. Ich ging ins Labor. Ich ging zur Ärztin. Ich musste im Wartezimmer der Beratungsstelle warten und sah dabei den Müttern zu, die sich mit ihren Kindern abgaben. Es war richtig schlimm, dort zu sitzen. Es kam mir falsch und unwirklich vor. Meinem Gehirn fiel es schwer, all das zu verarbeiten. Jede Schwester und jede Ärztin vergewisserte sich, ob ich es auch wirklich tun wolle. Zum Glück war ich mir sicher, denn es war auch so schon quälend genug, immer wieder darüber reden zu müssen.

Sie machten mir keine Vorwürfe, was ich befürchtet hatte, und versuchten mich auch nicht dazu zu bringen, das Kind zu behalten, was ich ebenfalls befürchtet hatte. Ich befürchtete, lügen zu müssen. Mir einen Kleiderbügel in die Vagina schieben zu müssen. Ich fürchtete, vielleicht nie mehr Kinder bekommen zu können, weil dies meine einzige Gelegenheit war. Vor meinen Augen sah ich die traurigen und verbitterten Gesichter all der Frauen, die sich ein Kind wünschten. Während ich es weghaben wollte.

Nachdem ich das erste Mittel bekommen hatte und endlich nach Hause durfte, wartete ich einen Tag ab und stopfte mir dann vier Medikamente in die Scheide. Die Schmerzen wurden von Stunde zu Stunde heftiger. Schließlich wurden sie unerträglich, so wie ich es nie zuvor erlebt hatte. Die Schmerzen waren Wehen. Ich entband.

Meine beste Freundin war bei mir, denn ich wollte nicht allein sein und hätte es auch nicht sein dürfen. Zuerst lag ich auf der Couch, dann wechselte ich auf den Fußboden und schließlich legte ich mich unter die Dusche. Das warme Wasser sorgte für etwas Erleichterung. Blut rann aus mir heraus. Ich fluchte, weinte und dachte, dass ich das nicht lebend überstehen würde. Ich bekam kaum noch Luft. Meine Freundin klopfte immer wieder an die Tür und wollte wissen, ob ich okay sei. Witzeleien waren nicht angebracht. Nichts, absolut nichts hätte mich zum Lachen gebracht, und jedes Mittel wäre mir recht gewesen, um meine Dummheit mit Simo, Timo, Mikko rückgängig zu machen. Die ganze Zeit fragte ich mich, wann es vorbei war und woher ich das wüsste, denn die Fliesen waren voller Blut und geleeartiger Klumpen.

Schließlich kam der größte Brocken heraus, und die Schmerzen ließen nach. Ich war müde. Gefühllos. Ich wollte alles wegwischen. Ich duschte. Meine Freundin wickelte den Brocken in eine Zeitung und brachte ihn nach draußen zum Biomüll. Das war es also. Die Welt kam mir so anders vor. Schlecht und gut zugleich. Traurig. Grausam.

Der starke blutige Ausfluss hielt noch fast drei Wochen an, und ich musste die ganze Zeit ekelhaft dicke Nachtbinden tragen.

Der Hass kam später. Erst als alles vorbei war. Ich hasste mich selbst, weil ich so betrunken gewesen war und so einen Mann in meine Wohnung, in mein Bett, in meine Vagina gelassen hatte. Den Mann hasste ich noch mehr. Was hatte er sich eigentlich gedacht bei seinem Orgasmus? »Scheiß drauf, ich mach's jetzt mal kurz ohne.« Er setzte sein Leben ganz normal fort, war glücklich, dass er rangedurft hatte – und ich musste leiden. Ich konnte mich nicht mal mit ihm in Verbindung setzen, weil ich vor lauter Zorn nicht daran gedacht hatte, ihn nach seinen Kontaktdaten zu fragen.

Bei der Nachuntersuchung stellte sich heraus, dass ich nicht mehr daran denken musste, etwas im Bauch zu haben. Ich musste mir nicht mehr überlegen, ob ich mich bis zum Ende meines Lebens darauf einlassen wollte. Obwohl ich wusste, dass ich es nicht gewollt hatte, dachte ich trotzdem darüber nach, denn es hatte die Möglichkeit dazu bestanden. Man legte mir nahe, mit dem Verhüten anzufangen, entweder mit Pille oder mit Spirale, obwohl ich keine Beziehung hatte und nicht wusste, wann ich das nächste Mal Sex haben würde. Vielleicht in einem Jahr, vielleicht in zwei, ich wusste es nicht.

Der ganze Prozess der Abtreibung nahm entsetzlich viel Zeit in Anspruch. Monate. Und zwar physisch wie psychisch. Zum ersten Mal musste ich wirklich bei allem kürzertreten. Ich musste mir überlegen, ob ich etwas falsch machte, wenn ich meinem Sexualtrieb nachgab, ob ich gar eine mörderische Hure war.

Mittlerweile denke ich nicht mehr so furchtbar oft daran. Ich denke nicht, dass ich ein Kind haben könnte, das jetzt so und so alt wäre. Das heißt, manchmal denke ich schon daran, aber ohne traurig zu sein. Schließlich verzieh mir auch meine Vagina, und meine Lust normalisierte sich wieder.

Ich war erleichtert, als ich hörte, dass eine Freundin von mir ebenfalls eine Abtreibung vorgenommen hatte. Mit einer Schicksalsgenossin darüber zu reden, half mir mehr als alles andere.

An dem Abend, an dem wir uns unterhalten hatten, lächelte ich, als ich aus der Sauna kam. Ich dachte, wenn ich ein Kind hätte, würde es jetzt neben mir unter der warmen Dusche stehen und prusten. Ich würde es fragen, ob es pinkeln müsse, und sagen, unter der Dusche sei das Pinkeln erlaubt. So eine Mutter wäre ich geworden.

WAS HABE ICH VON MEINER VAGINA GELERNT?

Irgendwann hörte ich in meinem Singledasein nicht mehr auf meine Vagina. Ich hatte beschlossen, Sex zu wollen, obwohl mir meine Vagina die ganze Zeit etwas anderes zu sagen versuchte. Sie wurde bei keinem Mann mehr erregt und bescherte mir so gut wie nie einen Orgasmus. Außer wenn ich allein masturbierte.

Ich hätte besser auf sie hören sollen.

Schon als kleines Mädchen war ich sexuell aktiv gewesen. Wie den meisten Kindern machte es auch mir Spaß, meinen Freunden den Hintern zu zeigen. Das war spannend, fühlte sich verboten an und verursachte lustige neuartige Schauer in meinem Körper. Meinen ersten Orgasmus hatte ich, als ich acht war, und zwar aus Versehen. Ich steckte mir am Abend vor dem Einschlafen ein Stofftier zwischen die Beine, damit sich meine schwitzenden Schenkel nicht berührten. Das Plüschtier traf meine Vagina, und als ich es bewegte, explodierte etwas in meinem Körper. Natürlich versuchte ich, am nächsten Abend das Ganze noch einmal zu tun, aber das Plüschtier reichte mir nicht mehr, also nahm ich die Hände zu Hilfe. Damit begann meine Masturbationslaufbahn. Damit begann die Liebe zu meiner Vagina.

Im Teenageralter äußerte sich meine Vagina in voller

Lautstärke. Sie vergoss so viel Saft, dass ich einen Tampon gebraucht hätte. Ich war auf jeden einzelnen Freund meines großen Bruders scharf, und als ich in der achten Klasse endlich mein erstes Handy bekam, schickte ich dem Gymnasiasten, in den ich verknallt war, richtig obszöne Nachrichten. Ich war so heiß, dass ich mir das Handy hätte reinschieben können, aber das wollte ich nicht, weil es vielleicht kaputt gegangen wäre. Stattdessen steckte ich mir alles Mögliche andere rein – Bananen, den Stiel der Aufgusskelle, eine Gurke und so weiter. Nichts davon passte wirklich in mich hinein, aber es war wichtig, es auszuprobieren und zu fantasieren.

Ich traute mich nicht, mit dem Jungen, der mit mir in die gleiche Schule ging, zu sprechen. Ich schickte ihm nur Nachrichten, in denen ich mir wünschte, er würde seinen Löffel in meinen Apfelkuchen stecken.

Nie bin ich mit diesem Jungen allein gewesen. Aber wäre es dazu gekommen, und er hätte angefangen, mich an den Oberschenkeln und zwischen den Beinen anzufassen, hätte ich seine Hand wahrscheinlich sofort weggeschoben. Oder auch nicht. Schwer zu sagen. Sex und alles, was damit zu tun hat, war für mich damals nichts als die Fantasie eines brünstigen unberührten Teenagers, einen Riemen ins jungfräuliche Loch zu kriegen. Aber natürlich ist die Fantasie etwas vollkommen anderes als die Wirklichkeit. Teenager verstehen das noch nicht, und auch nicht unbedingt alle Erwachsene. Der Traum vom Sex ist erregend, aber safe, die Wirklichkeit kann alles andere als das sein. Aber womöglich war die Tatsache, dass ich mich nicht traute, meinen Schwarm anzusprechen, auch etwas, das meine Vagina sagte und auf das ich unbewusst hörte. Sie war noch nicht bereit.

Meine Jungfräulichkeit verlor ich mit siebzehn an meinen Teddybären. In den Jahren unserer Beziehung ging meine sexuelle Lust dann flöten, obwohl wir regelmäßig miteinander schliefen. Ich weiß nicht, ob es die Niedergeschlagenheit war, die damals anfing, ihr Haupt zu erheben, oder die feste Beziehung oder die Pille, aber Letztere setzte ich ab, als ich vierundzwanzig war. Damals bekam ich meinen normalen Lustzyklus zurück; nach der Regel war ich wieder eine Woche lang so heiß, dass mir der Saft herauslief, jeder Mensch sah wie ein großer Penis aus, und ich rieb mich an allem, was mir in die Finger kam wie ein brünstiges Häschen.

Pornos und Nacktbilder von Frauen und Männern schaue ich mir an, seit ich aus der Vagina meiner Mutter herausgekommen bin. Allerdings wuchs ich in einer Zeit auf, in der es noch kein Internet gab, was bedauerlich war, denn ich hätte gern alles gesehen. Bei den Pornos entschied und entscheide ich mich immer noch für die Lesbenversion, obwohl ich nie auf Frauen gestanden habe. In meiner Fantasiewelt denke ich trotzdem, dass eine Frau eine andere Frau zärtlicher und besser anfasst als ein Mann. Das sieht man in den Pornos normalerweise zwar nicht, aber es geht ja auch um die Fantasie. Ab und zu schaue ich mir an, wie ein Mann bei einer Frau Oralsex macht, und manchmal starre ich auf einen Koitus.

Meine sexuellen Fantasien sind sehr einfach und langweilig, aber ich brauche sie fast jedes Mal, um zu kommen. Am häufigsten stelle ich mir vor, beim Arzt zu sein und an meiner »kranken« Vagina behandelt zu werden. Der Arzt untersucht sie und berührt sie sanft und fragt, tut das weh, worauf ich nein sage und so weiter. Manchmal fantasiere ich davon, dass ich mich an einem öffentlichen Ort befinde und ein Mann mich heimlich mit dem Finger »ein bisschen kitzelt« und ich dabei cool bleiben muss. Ich genieße es auch schrecklich, wenn mir jemand beim Masturbieren zusieht. Wenn das wirklich passiert und nicht nur in meiner Fantasie, kann es schwierig sein, zu kommen, weil ich mich verspanne. Dann benutze ich oft einen Vibrator, mit dessen Hilfe ich garantiert immer einen Orgasmus bekomme. Interessant finde ich, dass eine bestimmte Vorstellung in den Fantasien die größte Orgasmusquelle sein kann, es sich aber nicht annähernd gleich anfühlt, wenn man sie in die Tat umsetzt.

Meine Sexfantasien erregen mich, weil ich darin nicht kommen muss, es aber – huch – dann doch passiert. Das befreit vom Orgasmusdruck. Ich habe sogar schon Tränen vergossen, weil ein Mann eine Viertelstunde lang unten an mir herumgestümpert hat und ich ihm sagen musste, dass die Verbindung zwischen meiner Klitoris und meinem Gehirn gerade unterbrochen sei und ich nicht kommen könne.

Ich fantasiere auch darüber, dass ich einem Mann einen blase, den ich mag. Mich erregt die Vorstellung, alles tun zu dürfen, ohne dass man mir etwas macht. Aber auch das dürfte daher kommen, dass ich dabei meinen Orgasmusdruck außer Acht lassen kann. Mit zunehmendem Alter habe ich außerdem gelernt, Penisse und das Lutschen daran zu lieben. Ich habe gelernt, Sperma in einem Akt von

Respekt vor dem männlichen Körper zu schlucken, denn er kann ja nichts dafür, dass es aus ihm herausschießt. Und so schlimm ist es schließlich auch gar nicht.

Es kommt vor, dass ich eine Woche lang jeden Tag masturbiere. Manchmal masturbiere ich einmal im Monat, und auch dann ein bisschen auf Biegen und Brechen, um mich zu entspannen. In solchen Momenten versuche ich meiner Vagina gut zuzureden: Manchmal ist es sinnvoll, relaxt zu bleiben. Meine Vagina besitzt in ihrer Lust keine Regelmäßigkeit. Ihre Erregung hängt von meinem Hormonzyklus und meinem Stresslevel ab. Oft masturbiere ich mit einem Finger, auf den ich etwas Spucke gebe. Manchmal masturbiere ich unter der Dusche, indem ich mir den Strahl zwischen die gespreizten Beine halte.

Ziemlich oft benutze ich meinen Vibrator. Mit dessen Hilfe kann ich fast zehn Orgasmen bekommen, mit dem Finger normalerweise einen oder zwei. Das sind dann ein bisschen andere Orgasmen. Meine Klitoris hat sich nicht verändert, obwohl ich meine gesamte Kindheit hindurch mit einem »Schulter«-Massagegerät darauf herumgedrückt habe, das vibrierte wie ein Rüttelstampfer. Sie ist nach wie vor so empfindlich, dass eine zu harte Berührung wehtut. (Der Vibrator ist etwas anderes, weil er den gesamten Bereich stimuliert.) Oft kann sogar eine zarte Berührung der Klitoris zu hart sein. Sie zu streifen tut nicht weh. Und wenn sie anschwillt, kann man an ihr herumfummeln, wie man will.

Beim Koitus komme ich nicht, und wenn ich beim Oralsex oder beim Masturbieren aus Versehen an etwas anderes denke als an Sex, kann meine Lust so schnell verschwinden, wie eine schlechte WLAN-Verbindung, nach der man dann in verschiedenen Stellungen und an unterschiedlichen Stellen im Raum jagt und sucht. Aber wenn ich komme, kann es sein, dass ich acht Orgasmen habe, sofern die Hand- oder Mundmuskulatur nicht vorher verkrampft.

Ein Mann hat einmal versucht, mich über Skype per Hypnose zum Kommen zu bringen, aber es gelang ihm nicht, obwohl ich extrem erregt war. Ich weiß nicht, ob es an ihm oder an mir lag, aber ich bekam keinen Orgasmus. Dann wieder kann es sein, dass ich im Schlaf komme, ohne meine Vagina zu berühren. Das bedeutet, dass ein Beischlaforgasmus möglich wäre, denn offenbar kann ich bloß durch die Kraft der Gedanken kommen. Als ich jung war, beneidete ich Frauen, die beim Koitus kamen. Es klang so einfach. Aber als ich lernte, meine Vagina zu lieben, verging der Neid.

Für mich ist meine Vagina die mystischste Sache auf der Welt, und ich wundere mich nicht, dass die Männer manchmal ein bisschen verloren damit sind, denn das bin ich auch. Am einen Tag wird sie durch eine Berührung irrsinnig erregt, und am nächsten Tag hasst sie genau das. Meine Vagina ist wie ich. Sie hat ihre Meinungen und ihre Persönlichkeit. Das habe ich erst durch mein Singledasein gelernt, denn das Vögeln mit verschiedenen Männern hat mir keineswegs so einen Genuss bereitet, wie ich es mir in meinen Fantasien vorgestellt hatte. Das hätte ich wohl schon früher begreifen müssen, aber in meiner Männergefallsucht kapierte ich gar nichts. Die random Männer liebten meine Vagina nicht.

DIE SCHAMHAARHÖLLE

Ich entferne mir die Schamhaare nicht wegen der Männer oder wegen der Schwimmbäder. Ich entferne sie mir, weil ich selbst Lust darauf habe, weil ich festgestellt habe, dass ich mehr masturbieren will, wenn mir die Haare nicht bis auf die Oberschenkel wuchern. Wenn ich allerdings weiß, dass ich einem Mann meine Vagina zeigen werde, sehe ich vorher immer nach, wie unten herum die Lage ist und unternehme etwas, falls es düster und dicht aussieht.

Aber ich bin da auf ein Problem gestoßen. Mein Venushügel, meine Schamlippen und die Innenseite meiner Oberschenkel sehen nach der Haarentfernung nie so aus, wie ich es mir wünsche. Bei einer bestimmten Beleuchtung sehen sie furchterregender aus als ein Karnickel, das von einem Auto auf der Straße platt gefahren worden ist. Ich selbst muss mir das nicht aus der Nähe anschauen, aber der Mann schon.

Im Lauf meines Lebens habe ich alle möglichen Haarentfernungsmethoden ausprobiert.

Einmal wollte ich unbedingt hundertprozentiges Porzellan haben, weshalb ich beschloss, ein Wachs zu kaufen, das man in der Mikrowelle erwärmt. Mit Wachs habe ich nämlich Erfahrung. Beziehungsweise eine Erfahrung. Es passierte, als ich sechsundzwanzig und in Thailand war, wo ich für wenig Geld einen Versuch mit Ganzvaginaporzellan machen wollte. Ich handelte die Wachsbehandlung von sechs auf vier Euro herunter, weil ich dachte, es gehört sich, bei allem zu feilschen, es wäre eine Art Small Talk. Ich weiß allerdings nicht, ob man es auch dann tun sollte, wenn es um die Vagina geht.

Man brachte mich in den ersten Stock, wo viele Matratzen auf dem Fußboden lagen. Um jede Matratze herum hingen transparente, blaubunte Vorhänge. Das Licht war gedämpft. Ich zog die Unterhose aus, und meine Fantasie fing an zu galoppieren. In meinem Kopf hörte ich die Stimme meiner Mutter ängstlich sagen, ob das hier jetzt so ein *Happy-ending*-Etablissement sei. Schon allein das blaue Licht und die Spitzenvorhänge! Und dann sind wir auch noch im Obergeschoss. Die machen es echt heimlich. (Es handelte sich wahrlich nicht um ein *Happy-ending*-Etablissement, aber meine Fantasie hält immer alles für möglich.)

Während ich Panik schob und mit blankem Krapfen auf dem Fußboden lag, wärmten Thaifrauen mit einem Föhn Wachs an. Es dauerte nicht lange, bis mir der erste Streifen auf den Pelz gedrückt wurde. Ich war so aufgeregt, dass ich beschloss, nicht zu atmen, denn ich hoffte, das würde helfen. Nur wenig später merkte ich, dass mir etwas sehr Wesentliches fehlte, das man für eine solche Operation benötigte.

Nämlich die Schamhaare.

Seit meiner letzten Shaving-Runde waren nur zwei Wochen vergangen, und mein Busch war viel zu kurz für so eine Maßnahme. Das Thaimädchen zog, riss, biss, schlug, zerrte, pickte, kratzte und grub ungefähr fünfunddreißig Mal mit den Wachsstreifen nach Schamhaaren, und ich stieß fünfzehn Minuten am Stück mit zusammengebissenen Zähnen Verwünschungen aus, ohne zwischendurch Luft zu holen.

Anschließend standen die Härchen, aber meine Haut hatte die Farbe gewechselt, von Weiß zu hellem Rot. Und damit war die Maßnahme natürlich noch nicht beendet. Der Rupfungsversuch ging noch fünfzehn Minuten weiter. Ich gab mir Mühe, leiser zu fluchen. Beide Frauen lachten, ich nicht. Sie versuchten selbstverständlich, alle Härchen herauszubekommen, denn das war ja ihre Aufgabe. Dafür hatte ich bezahlt.

Schließlich befand sich meine Vagina Ton in Ton mit meiner übrigen verbrannten Haut, sprich, sie war so rot, dass es den Mitarbeiterinnen vermutlich selbst wehtat und sie sich für mich fremdschämten. Ich verließ den Raum im Cowboy-Gang. Meine Freundin wartete draußen, und als ich vor die Tür trat, spielte ich die besonders Coole. Ich kommentierte die Behandlung mit den Worten, es habe zwar ein bisschen wehgetan, aber meine Scham sei nun schönstes Porzellan. Zum Glück hätte ich das machen lassen. Und für nur vier Euro! Meine Freundin meinte, es wäre ihr so vorgekommen, als hätte sie aus dem Wachsraum meine Stimme gehört. Ich wunderte mich, wie sie darauf kam.

Auf der Toilette im Hotelzimmer riskierte ich einen Blick in meinen Slip. Meine Vagina sah nicht annähernd nach Porzellan aus, sondern nach abgeflämmtem Schlachtfleisch, und sie fühlte sich auch so an, aber ich war stolz auf mich, weil ich diese Erfahrung ausgehalten hatte.

Und jetzt, einige Jahre nach dieser Erfahrung, war ich bereit, dasselbe noch einmal durchzumachen. Diesmal hatte ich allerdings einen ordentlichen Busch und durfte alles selber machen.

Es wurde trotzdem nichts. Nachdem ich das Wachs aufgetragen hatte, weigerte sich meine Hand schlicht und einfach, die Masse abzuziehen, weil es so irrsinnig wehtat. Ich war nicht imstande, mir den Schmerz, den das Waxing mit sich brachte, selbst zuzufügen. Das Ergebnis war, dass getrocknete Wachsklumpen an meinen Schamhaaren hingen und mir das Weihnachtslied *Jingle bells* durch den Kopf ging. Eine Woche später waren die Haare so weit nachgewachsen, dass ich die Glöckchen endlich mit der Nagelschere abschneiden konnte.

Zum Glück gibt es noch andere Haarentfernungstaktiken, von denen eine das Rasieren ist. Aber auch das hat noch nie gute Folgen gehabt. Ich verstehe nicht, wie es alle anderen Frauen schaffen, ihren Unterleib so glatt aussehen zu lassen. Oder habe ich bloß nicht genau genug hingeschaut? Wenn ich den Nassrasierer nehme, sehe ich unten herum aus wie ein zwölfjähriges Aknegespenst, das dem Grab entstiegen ist und alle umbringen will.

Die dritte Taktik ist mein *favourite*. Es ist eine Paste, die die Härchen wegätzt. Ich reiße immer ein kleines Stück Klopapier ab, das ich mir dann auf die Innenseite der Schamlippen lege. Damit versuche ich meine Schleimhäute vor der ätzenden Substanz zu schützen.

Das Problem dabei ist, dass die Hälfte meiner Schamlippenbehaarung auf der Innenseite der Schamlippen wächst. Mein Unterleib sieht wirklich nicht wie die glänzende Unterglatze eines Pornostars aus. Sollte ich meinen Busch mit einem Wort beschreiben, dann wäre das Catweazle – auf den ersten Blick erschreckend, aber bald merkt man, wie wohlwollend und freundlich er ist. Diese Beschreibung ändert sich, sobald die Paste die Haare weggeätzt hat. Dann können wir wieder zum Vergleich mit dem totgefahrenen Tier zurückkehren.

Meiner Meinung nach fehlen auf den Haarentfernungspackungen wichtige Informationen. Darum wünsche ich mir, dass in Zukunft folgende Hinweise aufgenommen werden:

- Wenn du die Haare auf deinem Venushügel mit dieser Paste entfernst, bleibt ein weißes, totes Schamhaarnest zurück, das bei natürlichem Licht betrachtet so schockierend aussieht, dass sogar die Katze deines Nachbarn versucht, in der Mikrowelle Selbstmord zu begehen.
- Diese Paste kann Verstopfung verursachen – nach der Haarentfernung will nicht einmal mehr die Scheiße aus deinem Darm herauskommen und deine Vagina sehen.
- Falls auf der Innenseite deiner Schamlippen Haare wachsen, ist es vollkommen sinnlos, auch nur einen Versuch zu wagen. Kauf dir Schokolade, geh nach Hause und heule!

- ACHTUNG: Dieses Produkt ist Heißwachs. Es wird nicht funktionieren.
- Heißwachs trocknet an deinen Schamhaaren und hängt dann mehrere Tage daran fest, weil du es nicht über dich bringst, es abzureißen.
- Jeder Venushügel, den du zu Gesicht bekommst, ist glatter und haarloser als deiner, auch wenn du genau die gleiche Haarentfernungsmethode anwendest. Du bist zum Verlieren verdammt.
- Nach dem Rasieren hat deine Vagina mehr Pusteln als ein Dalmatiner Punkte.
- Nach dem Rasieren wirst du dich etwa eine Woche lang pausenlos an der Vagina kratzen.
- Nach dem Rasieren kannst du mit deinen Stoppeln Karotten reiben.
- Warnung für die Praxis: Nimmt jemand wenige Tage nach dem Rasieren Oralsex bei dir vor, schürft er sich die Oberlippe blutig.
- Die Stoppeln bleiben an deiner Unterhose hängen, und du musst an öffentlichen Orten seltsame Bewegungen machen, wenn du versuchst, sie unauffällig loszukriegen.
- Einen Mann wirst du trotzdem nicht bekommen.

STELL DIR VOR, DEIN DING WÜRDE WIE EINE VAGINA FUNKTIONIEREN!

Nicht geeignet für Zartbesaitete (Männer)

Hallo Mann! Stell dir vor, du wachst morgens extrem gereizt auf, obwohl du gut geschlafen hast. Du bist noch nicht einmal aufgestanden, aber trotzdem kotzt dich bereits alles an. Du weißt nicht, was dich so nervt, aber es nervt gewaltig. Nach einem extrem zähen Tag heulst du am Abend darüber, dass alles die letzte Durchfallscheiße ist und nichts gelingt.

Aber keine Panik. Das dauert nur ein paar Tage und hat damit zu tun, dass dir eine Woche lang Blut aus dem Schwanz läuft. Wie schön.

Eine Woche vor der Regel ist deine Unterhose überraschend bräunlich. Jeden Tag. Und nein, das ist nicht Kaka, das ist getrocknetes Blut, das dir in die Hose geronnen ist. Man nennt es Tröpfelausfluss, der vom Hormonzyklus verursacht wird.

Aber auch dafür gibt es eine clevere Lösung: Slipeinlagen. Die kannst du die ganze Woche vor der eigentlichen Blutung verwenden. Die machen dein Ding schon vor dem eigentlichen Koitus angenehm heiß und feucht. Deine Unterhose legt sich hübsch in Falten, worauf die

Klebeseite der Einlage alle halbe Stunde an deinem Hintern pappt – im schlimmsten Fall an deinen Arschhaaren.

Keine Angst, es kommt noch besser!

Die ersten zwei Tage der Regel sind eine einzige Qual. Du hast Bauchschmerzen und dein Ding ist empfindlich, aufgequollen und wund. Du darfst deinen Schwanz ständig mit Watte abtupfen oder ihn alternativ in eine Binde wickeln, wo er dann vor sich hin gärt und stinkt.

Eine ganze Woche lang musst du aufpassen, dass dir das Blut nicht bis auf die Oberschenkel läuft. Besonders auf der Hut sein musst du beim Sport, wenn sich die größten Blutklumpen am besten lösen und in Richtung Erdboden rutschen.

Aber das ist der ganz normale Alltag. Nichts Neues und nichts Spezielles. Die Periode halt, kennt man ja.

Zum Glück kannst du mit deinem Ding trotzdem Sex haben. Sex macht Spaß.

Aber wenn deine Partnerin anfängt, zwischen deinen Beinen herumzufummeln, denkst du voller Horror nur noch daran, dass du braunes getrocknetes Blut in der Unterhose hast oder eine verschwitzte Slipeinlage. Du versuchst, so schnell wie möglich auf die Toilette zu kommen, wo du dich waschen und die Slipeinlage herausnehmen kannst oder dich alternativ schon mal ausziehst, damit deine Partnerin nicht die Lust verliert, wenn sie deine Unterhose zu Gesicht bekommt.

Das Beste ist aber, dass nichts für ewig ist – nicht der Tröpfelausfluss und nicht die Menstruation.

Endlich kannst du wieder befreit bumsen, ohne Angst zu haben, dass Blut aufs Laken kommt. Deine neue Bekanntschaft will jedoch kurz mal ohne Gummi poppen. Nur ein bisschen. Es mal ausprobieren. Na, okay, aber nur kurz.

Leider hat alles seinen Preis. Zwei Tage später fängt dein Schwanz so höllisch an zu jucken, dass du dich ernsthaft fragst, ob du ihn mit dem Reibeisen massieren sollst. Du probierst es sogar ein bisschen aus, durch die Hose. Du kaufst dir ein Pilzmedikament, weil dein Schwanz wegen der neuen Bakterien, die er von deiner Partnerin bekommen hat, in einen Schockzustand geraten ist.

Eine Woche später merkst du, dass das Jucken weg ist. Es war doch keine Hefe. Bei der Schwanzkontrolle stellt der Arzt fest, dass du ein sonderbares Bakterium am Schwanz hast, das zum Beispiel vom Sex kommen kann oder daher, dass du im Schwimmbad gewesen bist. Ein paar Pillen und ab nach Hause.

Als du vom Arzt zurückkehrst, will deine Partnerin wieder Sex. Du kommst ins Schwitzen. Du weißt nicht recht, wie du ihr sagen sollst, dass du die Pest am Schwanz hast, denn du willst die erotischen Fantasien, die sie von deinem Ding hat, nicht verderben.

Und sobald du mithilfe der Medikamente deinen Penis wieder in Schuss hast, ist es wieder Zeit für den Tröpfelausfluss, und dann kommt auch schon die Periode. Ach ja.

DAS ERSTE ECHTE DATE

Ich weiß nicht, wie eine durchschnittliche Singlefrau das mit dem Daten regelt, aber ich habe in zweieinhalb Jahren Singledasein keinen einzigen Menschen im nüchternen Zustand kennengelernt und Sex mit ihm gehabt. Ich bin also bei keinem einzigen ehrlichen Date gewesen.

Daran ist meiner Meinung nach nichts sonderbar, denn ich habe das Gefühl, dass das Daten erst ein *Versuch* war. Dabei wurde verzweifelt versucht, Liebe zu finden. Je mehr man hoffte, mit einem netten Unbekannten ein Date zu bekommen, desto mehr erwartete man davon: Man konnte ja nie wissen, ob es diesmal vielleicht doch funkt. Im Hintergrund steht also der ständige Wunsch nach Liebe, und das Daten stützt diese Vorstellung. Aber man lernt halt nie jemanden kennen, wenn man nie jemanden trifft.

Singles müssen sich immer wieder zwei Sätze anhören: »Keiner holt dich von zu Hause ab«, und: »Die Liebe findet man nicht, indem man danach sucht.« Diese Sätze stehen im Widerspruch zueinander. Als ich merkte, dass ich mich in einer Situation befand, in der ich versuchte, einen Mann, der mir in einem Café flüchtig zugelächelt hatte, mit den Stichworten »Café Rosa Mann Lächeln Sonntag Adidas Shirt« zu googeln, beschloss ich zu akzeptieren, dass ich wirklich auf der Suche nach Liebe war.

Also bastelte ich auf die Schnelle eine Internet-Dating-Anzeige zusammen:

Hallo!
Wie geht's? Mir geht's gut.
Ich möchte wahnsinnig gern ein Date mit einem wahnsinnig netten Typen haben. Mit einem, der ein bisschen Sport treibt und sich gern unterhält. Mit einem, der Frauen, Männer und Hunde zum Lachen bringt. Mit einem, der Lust auf alle möglichen Sachen hat und der das Leben genießt. Mit einem, der leicht lächelt.
Weil ich auch so bin. :)

Ich hängte das einzige Foto an, auf dem ich meiner Meinung nach gleichzeitig süß und sexy aussah.

Innerhalb einer Woche bekam ich viele Antworten. Sonderbare Antworten. Kurze und lange Texte. Es kamen Fotos von Bauchmuskeln, Einladungen zu Peitschenspielen und zum Sex mit Männern, die in trockenen Ehen lebten. Es kamen lange Gedichte und kurze Gedichte. Es kamen richtig viele schlechte Witze, wie zum Beispiel der: Was haben eine Blondine und ein Friedhofstor gemeinsam? (Antwort: In beide wird ein steifer Bursche hineinbefördert.) Es war schon ganz lustig, aber wenn sich einem jemand mit einem sexuellen Witz nähert, funktioniert das nicht, obwohl ich Sex mag. Ein Mann muss in seinem Leben doch noch andere Leidenschaften haben als eine Vagina. Ich überging die Notrufe vergebener Männer, ebenso wie die Gedichte – die mag ich nur, wenn mir ihr Verfasser etwas bedeutet.

Trotzdem schrieb ich jedem Mann eine ablehnende Nachricht und beschloss, dass ich dies tue, um etwas zu lernen. Außerdem hatte ich nie damit gerechnet, auf einer Dating-Seite die Liebe zu finden. (Eigentlich dachte ich, wenn ich denke, dass ich sie nicht finde, finde ich sie vielleicht gerade dann.)

Aber dann landete eine Nachricht in der Inbox der Dating-Seite, die alles übertraf. Das Pseudonym des Schreibenden lautete StuckOnBoard, und in der Nachricht stand: »Hi! Klasse Anzeige. Außerdem bist du ziemlich süß. Wie läuft's so im Leben?«

Ich konzentrierte mich kein bisschen auf die Worte, sondern auf das Bild des Typen. Er sah einfach höllisch gut aus. Auch Hobbys hatte er eine ganze Menge. Dazu Ziele im Leben und ein paar lange Beziehungen hinter sich. Perfekt. Tagelang chatteten wir über dies und das. Oder genau genommen zwei Tage und sieben Stunden, dann verabredeten wir uns in einer Bar in der Nähe, denn natürlich wohnte dieser Mann nicht weit von mir. Zu perfekt. Match made in heaven.

Aber sobald ich die Verabredung im Kalender notierte, lief mir die Aufregung als kalter Schweiß über den Körper. Es war das erste offizielle Date meines Lebens mit einem völlig unbekannten Typen. Wenn ich mit einem Kaffee trinken ging, hatte ich normalerweise doch mindestens schon einmal Sex mit ihm gehabt. Das hier war neu für mich.

Ich stalkte den Mann erst mal komplett durch. Dafür verwendete ich drei Stunden. Ich recherchierte nach seinen Exen und seinen Freunden. Bald kannte ich die Berufe und Arbeitsstellen seiner Mutter und seines Vaters. Ich fand Fotos vom Hund der Familie. Ich fand Fotos vom Hund seiner Ex. Ich fand den Arbeitsplatz und den beruflichen Werdegang der Ex. Ich kannte seine sämtlichen Kumpels mit Namen. Ich lachte über ihre Insiderwitze, die unter den Fotos im Netz gerissen wurden: Bei Matti zieht sich schon der Haaransatz zurück und Ahmed sollte nächsten Mittsommer den Ball ein bisschen flacher halten und die Wasserski anderen überlassen, weil er sich beim letzten Mal dabei das Bein brach.

Am Morgen des Dates putzte ich meine Klobrille, denn falls der Mann mit zu mir kommen würde, könnte er dort Pipitropfen von mir sehen. Dann wusch ich mir die Haare. Ich wechselte auch die Bettwäsche, einfach sicherheitshalber. Ich war mir nicht sicher, ob es sich gehörte, beim ersten Date zu vögeln, und ob ich es wollte, aber man wusste ja nie. Ich lackierte mir die Nägel. Ich zupfte mir die Augenbrauen, die Brustwarzenhaare und shavte Scham- und Anushaare. Sicherheitshalber. Ich kaufte mir neue süße Unterhosen, weil man ja nie wusste. Ein neues Shirt kam auch mit. Ein Date-Shirt. Ein Glücksshirt.

Den ganzen Tag textete ich mit zwei Freundinnen über das kommende Date und bekam aufmunternde Erfolgswünsche. Ich schickte ihnen noch einmal ein Foto von ihm, das wir dann gemeinsam lobten. Die Zwinker-Smileys gingen hin und her. »Viel Spaß ;)«

Eine Viertelstunde vor dem Date saß ich beim Lampenfieberkacken auf dem Klo. Schon die Vorstellung, mich mit einem Unbekannten bei einem Bier zu unterhalten, sorgte für Durchzug, und Durchfall kleidete die Kloschüssel aus. Während ich dort saß und auf die Entleerung meines Darms wartete, steckte ich den goldenen Ring vom rechten Ringfinger an den linken. Einfach nur zum Spaß.

Nach der Durchfallsession zog ich zu kleine High Heels an und trippelte langsam in Richtung Bar.

Zum Glück kam ich nur zehn Minuten zu spät. Den Grund verriet ich nicht, was ich unter normalen Umständen natürlich getan hätte. Sicherheitshalber musterte ich in meinem Wortschatz auch Begriffe wie ficken, Schwanz, Möse, Arsch, Durchfall und sonstige verschreckende Worte im Vulgärstil aus. Ich würde nicht über Stuhlgang und nicht über das triefende Loch zwischen meinen Beinen reden. Ich würde auch die Geschichte unerwähnt lassen, in der ich einmal Kacke furzte. Die Winkel meines Inneren schwiegen auch über folgende Themen: Wichsen, Hämorrhoiden, Brustwarzenhaare, unrasierte Beine, Events und Partys, bei denen ich nackt herumlief, und das Schielen auf Penisse, was ich ständig tat, ob es nun um meinen Vater, meine Hunde, meine Freunde oder die Wölbung in der Windel eines kleines Kindes ging.

Obwohl ich auf allgemeiner Ebene natürlich der Meinung bin, dass jeder Mensch er selbst sein soll, stimme ich auch dem Satz zu, dass alles seine Grenzen hat. Im Lauf eines Jahres hatte ich über mich selbst gelernt, dass ich, wenn ich aufgeregt und in Gesellschaft eines Mannes bin, vor lauter Panik bloß obszöne Sachen sage. Ich jauchze über Geschlechtskrankheitsgeschichten und

Furzflocken. Ich genieße es, den anderen zum Lachen zu bringen, aber oft sind meine Geschichten von einer Kategorie, dass sich die Männer auf geistiger Ebene fühlen, als würde ich sie bis zum Hals in meiner Vagina versenken – in gewisser Weise eine spezielle und spannende Erfahrung, aber fürs erste Date absolut zu viel. Darum muss man das Versenken portionsweise durchführen, nach und nach. Sodass der Mann gar nicht kapiert, dass er bis zu den Hüften in der Vagina steht. Und wenn er es dann kapiert, steckt er dermaßen fest, dass er aus eigener Kraft nicht mehr herauskommt. Dann ist es gut. Dann fährt man zusammen zu Ikea und kauft sich einen Bambus und eine Couch.

StuckOnBoard hieß mit richtigem Namen Jarmo und saß vor seinem Bier und lächelte, als ich in die Bar kam. Ich bedauerte meine Verspätung und bestellte mir etwas zu trinken.

Nachdem wir uns an einem Tisch niedergelassen hatten, starrte ich den Mann an, nicht seinen Penis, sondern sein Gesicht. Er sah nicht annähernd so nach Prinz aus, wie es das Foto auf der Dating-Seite vermuten ließ. Während ich ihn betrachtete, brannten meine Augen weder vor Freude noch vor Traurigkeit. Jarmo sah ganz normal aus. So wie die meisten von uns. Aber ich war ein bisschen enttäuscht. Ich beschloss, in meiner Hochzeitsplanung die Zeitungsanzeige zu streichen und die Anzahl der geladenen Gäste von dreihundert auf hundert zu reduzieren. Und ich fragte mich, ob er mich betrogen hatte.

Wir tranken ein zweites Bier, und ich, die ich vor Aufregung nichts Richtiges gegessen hatte, verriet im Bierdunst lautstark, dass ich vor einer Stunde Durchfall gehabt hatte. Dabei guckte ich Jarmo zwischen die Beine, obwohl ich mir geschworen hatte, ihm die ganze Zeit in die Augen zu schauen. Jarmo gab einen Ton von sich und lächelte. Ich war nicht sicher, ob er es aus Höflichkeit tat. Immerhin hatte er in seinem Leben bereits diverse Dates gehabt. Ich hingegen faselte mich gerade durch mein erstes.

Jarmo hörte sich meine Geschichte mit relativ mildem Lächeln an und äußerte dann folgenden Kommentar: »Du erinnerst mich an eine Kollegin von mir. Unsere Marketingchefin …«

»Katja!«, rief ich aus Versehen. »Oder so. Ist mir spontan eingefallen.«

Damit hatte ich verraten, ihn gestalkt zu haben.

»Woher weißt du das?« Jarmo sah mich überrascht an.

»Nee, wir haben bloß auch eine Katja«, panikte ich. Fuck. Jarmo vergaß, was er sagen wollte.

Wir tranken das Bier aus, spielten eine Runde Billard und verließen die Bar. Jarmo wollte mich küssen und ich ihn nicht, aber ich willigte trotzdem ein, weil er mir so nahe kam und versuchte, etwas Romantisches zu sagen (du hast schöne Augen, so auf die Tour). Zu meinem Bedauern stellte ich fest, dass Jarmo falsch küsste. Total falsch. Er machte den Mund sperrangelweit auf, platzierte ihn auf meinem Gesicht und fing dann an, die Zunge in seinem offenen Rachen hin und her wedeln zu lassen, wie es gerade kam. Ich versuchte es mit zarten Küssen, aber das wurde nichts, weil meine Lippen auf seine Zähne stießen. Zuerst überlegte ich kurz, ob ich vielleicht etwas falsch machte, und öffnete ebenfalls den Mund sperrangelweit und schwenkte meine Zunge wie eine Liane. Es fühlte sich an, als versuchte eine Vogelmutter ihrem Jungen etwas in den Schnabel zu kotzen.

Ich war, gelinde gesagt, schockiert, aber auch amüsiert. Ich konnte mir nicht einmal vorstellen, mit Jarmo ins Bett zu gehen. Noch nicht. Zuerst musste ich das alles mal verdauen, das Blinddating, den Durchfall, das In-den-Mund-Kotzen. Also verabredeten wir, uns nach einer Zeitspanne von sage und schreibe einem Tag wiederzutreffen. Ich wischte mir den Sabber aus dem Gesicht und ging nach Hause, um mein Herz zu erforschen.

Kaum war ich daheim, rief ich natürlich sofort meine Freundin an und schnatterte ohne Luft zu holen fünf Minuten am Stück: »Hi! Ich komme gerade von dem Date, und es lief echt gut! Er ist ein ziemlich spleeniger und lustiger Kerl. Und er hat ADHS, also er redet ebenfalls die ganze Zeit und hat echt Energie. Oder er hat wahnsinnig viel Energie versprüht, mehr als die Sonne. Aber wenn du stundenlang in mehr als der Sonne gewesen bist, musst du dich auch mal kurz in den Schatten setzen. You know. Und küssen kann er überhaupt nicht! Oder der Fehler lag bei mir, keine Ahnung. Jedenfalls war es ein Schock. Ich will ihn aber trotzdem wiedersehen. Hätte Lust, ihn mal Probe zu fahren, hihi. Andererseits keine Ahnung. Er war so wahnsinnig vernünftig und logisch, und ich bin doch so unvernünftig und sentimental. Könnte schon ein bisschen problematisch werden. Obwohl ich auch noch nicht aufgeben will. So richtig verstanden haben wir uns nicht. Aber ich habe nicht über Schwänze geredet! Hallo? Ich kann dich nicht hören. Hallo?«

Bei meiner Freundin war der Akku leer, sofort nachdem ich Hi gesagt hatte.

Beim Waschen am Abend stellte ich Jarmo in meiner Fantasie für den Rest meines Lebens an meine Seite, so wie es jede Singlefrau nach dem ersten Date tut. Ich trug einen Schleier, und er hatte ADHS.

DER KLEINSCHWÄNZIGE MANN

Je größer der Schwanz, desto besser, hatte ich in jungen Jahren gelernt. Diese Information hatte ich schon verinnerlicht, als ich noch glaubte, zu viel Masturbieren sei eine Sünde, für die man in die Hölle kam. Vielleicht hatte ich es aus den Pornos gelernt, vielleicht aus dem, was andere Mädchen sagten, vielleicht aus dem Gerede der Jungs. Vielleicht dadurch, dass ich als Teenager hörte, wie mein Vater zum Abschluss eines gemeinsamen Abends mit Freunden brüllte: »Ich hab einen Riemen wie ein Stier!« Dazu reckte er die Faust in die Luft, offenkundig um besagten großen Schwanz zu illustrieren.

Erst als ich einen kleinschwänzigen Mann kennenlernte, begriff ich: Stoßen kann jeder, aber die sonstigen Künste, wie Erfindungsreichtum, Kreativität und Präsenz, machen den Sex erst richtig gut – nicht die Größe des Schwanzes. Außerdem lernte ich, dass ein kleiner Schwanz besser zu meinem Körper passt als ein großer, denn dann kann ich in viel hingebungsvolleren Stellungen bleiben und verspanne mich nicht vor Angst, der Schwanz könnte jeden Moment meinen Brustkorb durchstoßen.

Gleichzeitig lernte ich, dass ich manchmal selbst echt miserabel im Bett bin.

Jarmo und ich trafen uns am Tag nach dem ersten Date

bei ihm zu Hause, weil wir auch unausgesprochen wussten, dass es an der Zeit war, über feuchte Wiesen zu galoppieren. Er kochte für mich, und ich setzte endgültig seinen Nachnamen anstelle meines eigenen ein. Dann sagte ich etwas, und er widersprach, weil seine Logik so anders war. Auf diese nervige Art unterhielten wir uns mehrere Stunden lang. Meiner Meinung nach war nicht ich nervig, sondern er. Im Nachhinein betrachtet war ich wahrscheinlich total anstrengend, weil ich auf meinen blödsinnigen Gedanken herumritt und ihm widersprach, wo ich nur konnte. Immerhin hatten wir uns gerade erst kennengelernt. Ein solches Verhalten sollte man erst in einem späteren Stadium an den Tag legen, wenn man den Mann schon am Haken hat.

Während der gesamten Mahlzeit dachte ich gespannt an Sex. Nachdem wir die Teller in die Spülmaschine geräumt hatten, begaben wir uns auf die Couch, wo wir irgendwie verlegen näher zusammenrückten, uns vorsichtig anfassten und beide wussten, dass wir bald Sex haben würden. Aus dieser Verlegenheit heraus sprang Jarmo plötzlich auf und zeigte mir, wie man beim Thaiboxen den anderen schlägt. Ein äußerst maskuliner Move, auf den ich reagierte, indem ich versuchte, ihn leicht mit der Faust zu knuffen. So kam der erste Körperkontakt zustande, und mehr war eigentlich auch nicht nötig, weil Jarmo mich darauf in sein Bett trug. So ein »Zeig mir was du kannst« ist die beste Methode, Sex mit einer halb unbekannten Person anzufangen. Auch wenn es trotzdem immer ein bisschen gezwungen ist.

An dieser Stelle nun die Information: Ich hatte mir eingebildet, eine gute Geliebte zu sein. Aber offensichtlich hatte ich komplett im Irrglauben gelebt. Als ADHS-Jarmo anfing, sich über mich herzumachen, wurde ich plötzlich zu einem nassen Fäustling, der draußen in der Kälte auf einer Schneewehe liegen geblieben war. Stundenlang lag ich fast regungslos im Bett, während der Kerl hobelte, klopfte und den Diamanten schliff, was seine flinken Finger hergaben. Jedes Mal wenn ich mich zusammenriss und dachte, jetzt bin ich mal mit Schuften an der Reihe, legte mich Jarmo mit seiner ganzen Energie wieder auf die Matte. Nie zuvor hatte ich mit einem Mann geschlafen, der einen so kleinen Penis hatte. Außerdem hatte ich noch nie so guten Sex gehabt.

Aus irgendeinem unbegreiflichen Grund hatte ich gedacht, ein Mann müsse über einen Ast in Baseballschlägergröße verfügen, damit der Sex einen Sinn hat. Dieser Gedanke beschämte mich sogar, obwohl ich ihn natürlich nie laut ausgesprochen hatte, jedenfalls nicht Männern gegenüber. Ich hatte geglaubt, dass es das Scheitholz ist, das die Frau in einer Beziehung hält, ein anständiger Meißel, kein dünner Bambusstiel.

Aber ich hatte mich getäuscht. Ich hatte immer nur mittelmäßigen und gewöhnlichen Sex gehabt und darum nicht gewusst, dass es guten überhaupt gibt.

Vielleicht hatte Jarmo sein Ding gemessen und war zu dem Ergebnis gekommen, dass er mehr lernen musste, als nur zu stoßen. Falls es so war, sollte jeder Mann einen kleinen Penis haben. Der Akt bestand aus Massieren, Küssen, Streicheln und Oralsex, und nur ein Teil davon war Penetration. Jarmo rackerte sich derart höllisch ab, dass er in der Zeit, in der ich ihm hastig und aus Versehen übers Auge leckte, irgendwie unfassbar gekonnt meinen gesamten Körper durchgenommen, mir zwei Orgasmen beschert, meine Schultern massiert, meine Hunde ausgeführt, die Sauna geheizt, die Wäsche gewaschen, ein Haus gebaut und mit bloßen Händen einen Bären erlegt hatte. Ich kam mir ganz klein vor.

Auf dem Nachhauseweg erforschte ich erneut mein Herz. Es war perplex. Einerseits mochte ich Jarmo nicht so schrecklich gern, denn unsere Gespräche waren ein ständiges Gezanke. Aber gleichzeitig war der Sex der beste, den ich je gehabt hatte. Jarmo war bestimmt nicht der gleichen Ansicht, aber der wurde jetzt nicht gefragt.

Nachdem ich eine Nacht gut geschlafen hatte, wusste ich, dass ich Jarmo nicht wiedersehen wollte, obwohl der Sex der beste im ganzen Universum gewesen war. Außerhalb der Bettwäsche schien die Chemie nämlich absolut nicht zu stimmen. Außerdem befürchtete ich, für Jarmo nicht genügend Energie geladen zu haben. Ich schämte mich, so eine miese Schlafmütze gewesen zu sein. Ich hatte gar nicht gewusst, dass ich auch so eine Seite hatte. Die Seite mit dem schlechten Sex. Ich hatte geglaubt, bei jedem Mann die Gleiche zu sein.

Dennoch war ich glücklich, Jarmo kennengelernt und dadurch erlebt zu haben, was man sonst nur im Kino sieht: Sex an sämtlichen Wänden entlang. Ich durfte auch erleben, wie sehr viel besser mir ein kleiner Penis passt, da ich selbst klein bin. Und dass guter Sex viel mehr ist als

Penetration, denn rein und raus kann jeder, aber alles andere erfordert Verständnis, Verstand und Training.

Meine Freundinnen wunderten sich, warum ich mir Jarmo nicht als Sexpartner hielt und an schlechten Tagen mal eben zum Nachbarn rüberging, um mich in seinen Armen zu aalen. Ich merkte, dass ich minutenlang über diese Lösung schwadronierte, obwohl es niemanden etwas anging. Andererseits war es therapeutisch, mit Freundinnen über das Thema zu reden.

Ich wusste, dass sich Jarmo auch mit anderen traf, denn wir hatten darüber geredet. Ich tat das nicht, denn ich bin immer schon eine »Ein-Mann-auf-einmal«-Frau gewesen und wusste, wie es weitergegangen wäre: Ich hätte einen Hangover und am Abend zuvor mal wieder den Mann meines Lebens nicht gefunden oder zumindest keinen Fick abgekriegt, weshalb ich Jarmo eine Nachricht schreiben würde: ob er kommen könne. Er würde antworten, er habe heute keine Zeit. Worauf ich mich den ganzen Tag fragen würde, wen er bumst, obwohl es mich nichts anginge. Ich würde mich unwohl fühlen und wehmütig an die herrliche Teenagerzeit zurückdenken, als ich als aufgewecktes Mädchen in solchen Gemütszuständen versucht hatte, mich zu ritzen, es aber nicht fertigbrachte, weil es wehtat.

Jarmo meinte auch, er wolle nie Kinder haben und er möge keine Hunde (an diesem Punkt hätte ich bereits nach Hause rennen müssen, um meine Hunde zu küssen). Auch wenn ich nie sonderlich von Kindern geträumt hatte, wollte ich mir dieses Fenster doch offenhalten.

Wieder einmal hatte ich alles gründlich analysiert. Auch auf diese Geschichte konnte ich mich nicht einfach einlassen. Ich konnte mir einfach nicht verkneifen, mir Jarmo auf immer und ewig an meiner Seite vorzustellen, obwohl ich ihn nicht einmal besonders mochte. Ich hatte sogar mit dem Gedanken gespielt, dass unsere Geschichte so weitergehen könnte, dass wir für den Rest unseres Lebens superguten Sex haben und uns streiten, wenn wir keinen haben. Ich kannte viele solcher Paare. Unmöglich wäre es nicht gewesen.

WANN HATTEST DU ZULETZT SEX?

Ich weiß nicht, wer unseren Gehirnen die Information eingepflanzt hat, dass man eine bestimmte Menge Sex pro Woche, Monat oder Jahr haben muss. Oder dass Sex immer auf einen Orgasmus aus sein oder überhaupt auf bestimmte Art ablaufen muss.

Die Frage, wie oft man Sex hat, ist vielleicht diejenige, die bei Menschen, die zusammen sind, den größten Druck erzeugt. »Wenn ihr wenigstens einmal die Woche Sex habt, muss eure Beziehung gut sein.« In Wahrheit muss man nicht mitzählen, wenn es in einer Beziehung gut läuft. Das Rechnen fängt erst an, wenn es nicht mehr läuft. Dann versucht man, andere Dinge mit Sex zu flicken. Manchmal funktioniert das sogar, denn wenn man miteinander schläft, kommt man sich nah, und das kann einem die Augen für die eigenen Gefühle und Gedanken öffnen. Aber wenn man nicht bereit ist, sie zu sehen, kann der Sex nur eine verzweifelte Methode sein, etwas aufrechtzuerhalten, was längst nicht mehr existiert. Darum hilft das Mitzählen gar nichts.

Auch Singles verspüren Druck, wenn das letzte Mal zu weit zurückliegt, aber das ist ein anderer Druck, denn sie haben den Partner nicht neben sich, und die Gründe für ihre Sexlosigkeit sind »akzeptabler«. Vielen Singles fällt es trotzdem schwer, laut zu sagen, wann sie zuletzt das Geschlechtsorgan eines anderen Menschen aus der Nähe gesehen haben. Je mehr Zeit vergeht (sagen wir ein halbes Jahr, ein Jahr oder mehrere Jahre), umso schwerer fällt es ihnen, das zuzugeben. Sogar mir. Ich verstehe selbst nicht, woher dieses Schamgefühl kommt.

Darum habe ich auch die Tage gezählt und spreche es hier ganz lässig aus: Während ich dies schreibe, genau in diesem Augenblick, bin ich 11 Monate, 6 Tage, 15 Stunden und 22 Minuten ohne Sex gewesen. Aber das macht nichts. Ich habe gesunde Hände, und selbst wenn ich sie nicht hätte, so findet sich in meiner Schublade so manches vibrierende Teil, und in meinem Dachstübchen wimmelt es vor Fantasien, die ihr nicht einmal für wahr halten würdet. (Oder doch. Es sind die üblichen Doktorspiele.) Es geht mir echt gut. Das ist die Hauptsache. Na klar sehne ich mich nach Sex und besonders nach Nähe, aber weil ich beides nicht mit irgendwem haben will, bin ich auch ohne glücklich.

Sex ist wirklich eine Freizeitbeschäftigung. Sie soll Spaß machen und entspannen. Will man darin gut sein, muss man trainieren. Am Ende sollte man sich nach dem Sex immer wohlfühlen, auch wenn man am Anfang nicht so schrecklich viel Lust darauf hat. Wie oft man Sex hat, hängt von der Lebenssituation, von der Aktivität und vom Interesse ab – nicht davon, wie man vorgehen sollte.

DIE ZWEI EXTREME DER LAUTGEBUNG BEIM SEX

Die Frauen:

Die typische weibliche Lautgebung beim Sex kennt man in Männerkreisen unter dem Namen »Steche ich gerade ein Schwein ab oder bumse ich ein ganzes Cheerleader-Team?«.

Dies bedeutet, dass eine Frau beim Sex so laut wird, dass sich der Mann die Daunendecke in die Ohren stecken muss, und zwar komplett.

Für die weibliche Sexlautgebung gibt es zwei Motive. Erstens setzt sie durch ihr Aah-aah-ahaa ihren Partner und ihre Nachbarn davon in Kenntnis, dass es sich gerade gut anfühlt. Es kann sein, dass sie in Wirklichkeit gar nichts spürt, aber die Frau will mitteilen, dass es so klänge, wenn es sich gut anfühlen würde.

Das zweite Kreischmotiv besteht darin, den Genuss des Mannes zu steigern. Mit dem Resultat, dass alle peinlich berührt sind. Also das gesamte Wohnviertel.

Der Mann glaubt, sein Rhythmus reiche nicht aus, und fängt in seiner Not an, die Schlagzahl zu erhöhen, damit er Teil dieses Pornobrüllgenres wird. Er schlägt sich die Eier am Hintern der Frau blutig: Jetzt wird richtig geil gefickt. Vor lauter Panik schiebt er der kleinen Frau auch noch die Faust bis zum Ellenbogen ins kleine Schwarze, weil er glaubt, jetzt muss in jeder Hinsicht über die Stränge geschlagen werden.

Die Frau wiederum brüllt noch lauter, weil sie glaubt, der Mann sei jetzt richtig in Fahrt gekommen.

Dann endet der Akt, Stille legt sich über die Stadt, und die beiden glauben, sie hätten sich gegenseitig befriedigt. Die Oma in der Nachbarschaft ist taub geworden.

Die Männer:

Das Sexlautgebungsdilemma der Männer läuft unter dem Namen: »Während des gesamten Akts nicht atmen.« Vom Mann hört man keinen Mucks, nicht einmal ein Stöhnen. Auch am Gesicht des Mannes kann man den Genuss nicht ablesen, denn er verzieht sicherheitshalber während des Akts keine Miene.

Das maskuline Motto »Ich zeige meine Gefühle nicht« geht auf den Sex über. Außer dem Keuchen der Frau hallt im Raum nur das Glucksen der Vagina und das Quietschen des Betts wider. Niemand würde erraten, dass sich auch ein Mann im Zimmer befindet.

Die Frau hat zu keiner Zeit einen Schimmer, ob der Mann es genießt oder ob er überhaupt noch am Leben ist. Der Mann wiederum denkt, was soll ich hier unnötig rumstöhnen und reden. Ich sag Bescheid, wenn was nicht stimmt. Oder doch nicht. Weil wenn ich was sage, darf ich wahrscheinlich nie mehr ran.

Niemand und nichts bringt einen Mann auch nur zum Seufzen, oder wenn doch, dann ist es nicht die Frau, sondern die flüchtige Erinnerung an den Moment, als Granlund bei der WM 2011 den Puck mit dem Schläger rückwärts ins Tor der Russen gezirkelt hat. Die Frau nuckelt am Schwanz und fragt sich innerlich, ob sie etwas falsch macht, weil der Mann so still ist. »Schwanz im Mund«, denkt der Mann und glotzt die Frau mit glasigen Augen an. Die Frau versucht den Blick zu deuten, kann es aber nicht.

Während des Geschlechtsverkehrs kann sich das Schweigen des Mannes auf ärgerliche Weise bemerkbar machen: wenn die Frau erst merkt, dass der Mann gekommen ist, wenn die Stöße aufhören und er sich glücklich zurückzieht und auf den Rücken legt.

Eine solche Stille lässt der Frau keine Ruhe, weshalb sie beschließt, beim nächsten Mal Vorbild zu sein und wie vom Teufel besessen zu schreien.

Das Resultat:

Der Kreis schließt sich.

Die Oma aus der Nachbarschaft bekommt zu Weihnachten ein Hörgerät, das sie sich nicht zu benutzen traut.

WAS LEUTE, DIE EINE BEZIEHUNG HABEN, SINGLES RATEN

Ich werde ständig gefragt, ob ich etwas mit einem Mann am Laufen habe. Wo sind deine Männer? Gleichzeitig höre ich Verwunderung darüber, dass ausgerechnet ich Single bin, und bekomme Kommentare und Einschätzungen über die möglichen Gründe meines Singledaseins. Mit vereinten Kräften wird überlegt, ob es vielleicht mit meinen Hunden zu tun hat. Man muss einen Mann finden, der Hunde mag, und das kann schwierig werden. Hast du schon mal darüber nachgedacht, sie herzugeben? Ich höre auch, dass ich über die falschen Dinge rede. Warum redest du mit Männern über deine Brustwarzenhaare? Auch in Bars gehe ich auf die falsche Art. Drehst du wirklich nicht in der Bar eine Runde und checkst das Angebot ab, wenn du von der Toilette kommst?

In eine Bar soll man gehen, um Männer aufzugabeln, nicht um mit Freundinnen seinen Spaß zu haben, so wie ich immer gedacht habe. Ich bin eine schlechte Singlefrau, weil ich nach dem Gang zum Klo nicht mit dem Arsch wackelnd herumgehe und mir ansehe, was an den Tischen so zu haben ist. Und all die Kritiker und Kritikerinnen, die in einer festen Beziehung leben, haben ihre Partner oder Partnerinnen nicht in einer Bar kennengelernt.

Ich höre, dass mit mir etwas nicht stimmen kann. Sonst wäre ich doch nicht Single. Es gibt weiß Gott wie viele Männer auf der Welt, da nimmst du dir einfach einen. Diejenigen, die eine Beziehung haben, sind bei diesem Thema diejenigen mit den härtesten Kommentaren und Kritiken. Kein einziger solcher Kommentar kommt von einem Single.

Dadurch rückt das Thema Paarbeziehung in ein bestimmtes Licht: Singles sind gescheitert und Leute mit Beziehung haben es geschafft, haben eine lange Karriere hingelegt, die nun endlich mit einem hochrangigen Amt belohnt worden ist. Dieses Denkmodell ist so wasserfest wie ein Boot aus Klopapierrollen – es schwimmt exakt so lange, wie man braucht, um zu sagen: »Was hab ich gesagt? Es schwimmt.« Als Single kann man in diesem Augenblick nur hoffen, dass die Rollen eines Tages getauscht werden. Dass man die Person, die sich getrennt hat, nicht daran erinnern muss, was sie einem einst für Ratschläge gegeben hat.

Es scheint kostbar zu sein, zu wissen, ob jemand eine Beziehung hat oder nicht. Wir definieren uns darüber, welchen Erfolg wir in zwischenmenschlichen Beziehungen haben. Kein Wunder, dass sich Singles schlecht fühlen und Menschen, die in einer unglücklichen Paarbeziehung leben, es nicht wagen, sich zu trennen.

Personen, die einem Ratschläge geben, haben oft vergessen (oder wissen gar nicht), was es für ein Gefühl ist, ein ums andere Mal das gleiche Schema zu durchlaufen, indem man sich zuerst verknallt, dann enttäuscht ist, weil die ganze Sache doch nicht Fahrt aufnimmt, und schließlich wieder den Punkt erreicht, an dem man »über den anderen hinwegkommen« muss. Jedes Mal steht das Selbstwertgefühl auf der Probe, und man stürzt sich nicht unbedingt leicht in eine neue Geschichte. Singles müssen ständig Gefühle der Zurückweisung verarbeiten, denen viele, die mit jemandem zusammen sind, aus dem Weg gehen, weil sie sich nicht trauen, ihre unglückliche Beziehung zu verlassen.

Aus solchen Ängsten entsteht der Widerspruch, dass Leute, die in einer abgewirtschafteten Beziehung leben, neidisch auf die Freiheit der Singles sind und es wiederum Singles extrem schwerfällt, sich Klagen von Leuten in Beziehungen anzuhören, von wegen »er hat mir zu Weihnachten schon wieder was Falsches geschenkt«. Singles hält an Festtagen niemand ein Geschenk vor die Nase. Niemand drückt ihnen vor dem Weg auf die Arbeit einen Kuss auf den Mund. Es gibt keinen Schatz, der Mist baut und einem als Entschuldigung ein in geblümtes Geschenkpapier gewickeltes Fleischmesser überreicht, weil schon so oft die Rede von einem guten Messer gewesen ist.

Und auf den Umstand, dass es keinen Schatz gibt, kann man nicht so schrecklich großen Einfluss nehmen. Man kann bei Dates neue Leute und in einer Therapie sich selbst kennenlernen – aber dadurch verliebt man sich nicht schneller.

WENN DER ANDERE VERSCHWINDET

Im Zeitalter von Tinder und sozialen Medien geht es manchen so, dass ein Mensch Teil ihres Lebens wird und dann, hast du nicht gesehen, ohne ein Wort verschwindet. Oder alternativ etwas Kleines und Zähes in einer kleinen und kühlen Nachricht sagt.

Wenn ein Typ aufhört zu antworten oder wenn er kühl wird, denke ich mir, dass er sich vielleicht nicht mehr sonderlich für mich interessiert. Ich vergewissere mich noch, indem ich ihn danach frage, weil es sich nicht gehört, anderen etwas zu unterstellen.

Auf diese Frage habe ich in meinem Leben bislang nur zwei verschiedene Antworten erhalten.

Variante 1: Der Mann antwortet gar nicht. (Am schlimmsten!)

Variante 2: Auf dem Handy ploppt eine obskure kühle Nachricht auf, in der nichts direkt ausgesprochen wird.

In solchen Situationen denke ich mir, dass es der Mann womöglich selbst nicht weiß. Und wenn er es nicht weiß, warte ich nicht länger ab. Auch ein Brautkleid wird schmutzig, wenn man zu lange wartet, weil irgendwann muss man sich auf den Boden setzen, um seinen Beinen Erholung zu gönnen.

Wenn ich in meinem Brautkleid herumhänge und den

Kopf hin und her drehe, überlege ich mir Folgendes: Mit einem Mann, der nicht genügend Rückgrat besitzt, um etwas direkt anzusprechen, könnte ich absolut nicht zusammenleben. Ich bin ein einfacher Mensch. Ich brauche einfache Ansagen. Ich bin nicht besonders gut in Telepathie.

Anfangs kann es schrecklich traurig sein, wenn der andere einfach verschwindet, obwohl er die ganze Zeit online ist. Da darf man heulen und enttäuscht und wütend sein. Aber dann kann man denken, dass man vielleicht versucht, sich die Finger mit kaputten Fäustlingen zu wärmen. Mit hundertprozentiger Sicherheit gibt es auch heile Fausthandschuhe, die gut wärmen und auch noch schön Ton in Ton mit dem Brautkleid harmonieren.

Zieht man sich solche Handschuhe über, wird einem schon bei dem Gedanken warm, dass die vorigen eigentlich total unangenehm waren. Ohne diese kalte Erfahrung würde man überhaupt nicht verstehen, was für ein gutes Gefühl es ist, nicht mehr zu frieren.

Vom Brustwarzenhaarmann blieb mir nur ein Härchen, und das war so kurz, dass man daraus keinen Fäustling stricken konnte. Vom Seelenheiler bekam ich ein Quäntchen mehr und von den anderen ungefähr genauso viel. Von Pasi wiederum hatte ich ein Büschel seiner Kopfhaare, fünfzehn Arschhaare und eine Hämorrhoide in der Hand. Unnötig, zu sagen, dass mich das nicht wärmte.

DIE FRAU, DIE MICH HASSTE

Ich traf Saara zum ersten Mal an meinem Arbeitsplatz im Lift. Jeden Werktag ließ ich mich in den sechsten Stock hieven, sie ebenso. Mindestens einmal die Woche stießen wir entweder morgens, in der Mittagspause oder nach Feierabend im Lift aufeinander. Ich hielt sie für eine seltsame Bekanntschaft aus dem Lift, denn seltsam war sie.

Ab und zu kam es mir vor, als träte da Morra aus den Mumins in den Aufzug. In meiner Furcht versuchte ich es zu vermeiden, Nichtigkeiten über das Wetter und das Furzen in Fahrstühlen von mir zu geben. Sie lächelte so gut wie gar nicht, und wenn sie es doch einmal tat, dann gezwungen. Sie sagte nicht viel, sondern konzentrierte sich darauf, jede meiner Bewegungen zu beobachten.

Saara war sehr schön, und ich vermutete, in ihr Revier eingedrungen zu sein – in einen Bürobereich, der voller Männer war. Ich dachte, sie schaut mich mit tödlichen Blicken an, weil sie mich als Bedrohung erlebt und mir einen langsamen Tod wünscht. Gegenüber meinen Kollegen benahm sie sich normal und lächelte und plauderte mit ihnen, aber ich war nur Schmutz unter ihrem Blick. Ich bezeichne üblicherweise keine Frau als Miststück, aber sie beschrieb ich meinen Freundinnen gegenüber so.

»Das Miststück war schon wieder im Aufzug. Das Miststück hat meinen Kollegen Jari angegrapscht. Das Miststück hat mich angerufen, ob ich mittagessen gehe. Das Miststück hat sich nach meinen Zukunftsplänen erkundigt und mir intensiv in die Augen geschaut, als ich ihr erzählt habe, ins Ausland zu wollen. Ich laufe dem Miststück ständig über den Weg, aber ich habe beschlossen, mich im Hintergrund zu halten, damit ich mich nicht über sie ärgern muss und damit sie mir nicht die Augen auskratzt.«

Als wir uns dann einige Monate später betrunken in einer Bar begegneten, beschloss ich, mich ihr zu nähern und zu klären, warum sie mich nicht mag. Ich setzte mich so neben sie, dass sich unsere Beine berührten, und fing das Gespräch ganz normal damit an, dass ich feststellte, sie habe einen verdammt guten Arsch. Ich dachte, wenn ich mit einem Kompliment loslege, macht sie mich später nicht zu sehr nieder. Saara blickte schüchtern zu Boden und wurde rot. Ich war verdutzt. Eine solche Reaktion hatte ich nicht erwartet. Auf der Stelle fragte ich sie, warum sie mich nicht mag.

Da erklärte mir Saara den Grund für ihr seltsames Verhalten: »Ich bin in dich verknallt.« Mir fiel die Kinnlade bis auf die Vaginagegend herunter. Eine Lesbe. Es gab keine Anzeichen, an denen ich das gesehen hätte, denn sie war schön, niedlich und sinnlich. Das Bild, das ich von einer Lesbe im Kopf hatte, war ein Mann mit Vagina.

Ich hatte immer gedacht, man könne Männer nicht verstehen, aber durch diesen Fall kam ich zu dem Schluss, dass das wirklich Teuflische die Frauen sind.

In jener betrunkenen Nacht schliefen wir bei ihr zu Hause nebeneinander. Es passierte nichts. Sie schlief, und ich starrte erschüttert an die Decke und dachte, neben mir liegt eine Lesbe. Die hat schon mal eine Möse geleckt. Der gefällt es, wenn man ihr die Möse leckt. Diese beiden Gedanken gingen mir sieben Stunden lang im Kopf hin und her. Zwischendurch versuchte ich mich darauf zu konzentrieren, dass die Lesbe ein Mensch war. Sie war eine Frau, die in einem Verlag arbeitete und es mochte, alles mögliche gesunde fleischlose Zeug zu knabbern, und die jeden Morgen laufen ging. Aber das half nicht. Die Möse kehrte feucht und offen in meine Gedanken zurück. Dazu die Titten, die man küssen konnte. Ich hatte Angst, zu atmen und zu schlucken, damit die Schöne davon nicht wach wurde.

Als sie am Morgen aufwachte, sah Saara, in was für einen Schockzustand ich geraten war. Ich war entzückt und geschockt zugleich. Ich wusste nicht, was ich denken sollte. Lesbische Fantasien erregen mich, weil eine Frau weiß, wie man jemanden zärtlich anfasst. Eine Frau weiß, was eine Frau will. Aber jetzt, da ich meine Fantasien in die Tat umsetzen konnte, hüllte ich mich in Ganzkörpergips.

Saara lachte und küsste mich zärtlich auf die Wange. Strich mir übers Haar. Ich starrte mit aufgerissenen Augen an die Decke. Alles, was ich über meine Vagina wusste, verschwand in der Sekunde, in der mich ihre Hand streifte, und ich war lediglich dazu fähig, mich zu strecken, zu gähnen und auf cool zu machen. In den ersten zehn Minuten kam kein einziges Wort aus meinem Mund, denn mein Mund war wie eine sandgestrahlte … nun ja, Vagina.

Ich hatte einen »Reh-im-Scheinwerferlicht«-Blick im Gesicht. Das sah ich im Deckenspiegel. Im Mösenspiegel. Plötzlich kapierte ich, dass ich diesen Gesichtsausdruck oft bei Männern gesehen hatte, vor allem bei jungen und unerfahrenen, denen ich breitbeinig auf den Schoß gesprungen war, um mit den Hüften zu wackeln, und die ich mit meinen Sexaugen angeschaut und gefragt hatte: Wollen wir ficken?

Eine Frau, die sexy war, schien also eine ähnliche Wirkung auf mich zu haben. Saara streichelte meine Schulter, streifte dann meine Brust und trippelte mit den Fingern in Richtung Unterleib. Ich zog den Bauch ein und hörte auf zu atmen. Saara lächelte und zeichnete mir zarte Linien auf den Bauch.

»Bist du total in Panik?«, fragte sie.

»Ich befinde mich keineswegs in panischem Zustand«, antwortete ich schriftsprachlich, und Saara fing an zu lachen.

Dann schob sie mir ihre Finger in den Slip, und ich sagte zu laut: »Hilfe.« Saaras Finger schlichen sich leise aus meinem Schlüpfer, sie gab mir einen Kuss auf die Wange und sagte: »Wir müssen nichts machen.« Dann stand sie auf und kochte Kaffee.

Gemeinsam schlürften wir den ökologischen Morgenkaffee, dann ging ich nach Hause. Saara war vielleicht glücklich über das alles, ich konnte sie nicht deuten. Das Einzige, was ich besoffen an die große Glocke gehängt hatte, war, dass ich nichts über Frauen wusste. Im Rausch hatten wir sogar ziemlich viel geknutscht, und das hatte sich anders angefühlt, denn ich hatte zwar schon meine

Freundinnen geküsst, aber die waren immerhin an Männern interessiert, weshalb es bei den Küssen eigentlich nur um Freundschaft ging. Ich wollte keinen Menschen provozieren, der sich für mich interessierte, darum war ich mit der Tatsache, hetero zu sein, sehr geradlinig gewesen. Ich hatte ihr gesagt, dass ich nicht wisse, was all das in mir auslöse, denn die Situation sei vollkommen neu für mich.

In den Wochen darauf zerbrach ich mir darüber viel zu sehr den Kopf. Ich schlief überhaupt nicht, denn mir ging mehr die Vagina durch den Kopf als der Mensch um sie herum. Ich war schrecklich enttäuscht von mir, denn ich hatte mich immer für liberal und abgebrüht gehalten, und jetzt dachte ich nur an Sex. Sie repräsentierte für mich den Sex. Weil es meiner Meinung nach idiotisch war, so zu denken, beschloss ich, Saara auf ein Bier einzuladen. Ich wollte sie kennenlernen.

Aber daraus wurde nichts. Ich traute mich nicht. Ich war nicht fähig, sie zu bitten, mit mir auszugehen, denn die Möse lähmte meinen Kopf. Wir trafen weiterhin im Lift aufeinander, aber es ging nichts vorwärts. Saara sah vielleicht, wie mir in ihrer Gegenwart der Panikschweiß lief. Einmal umarmte ich sie, denn ich wollte über meine Angst hinwegkommen, aber die Umarmung war so steif, als hätten sich zwei Laternenpfähle aneinandergelehnt, weshalb ich sofort den Rückwärtsgang einlegte. Ich wusste, dass Saara mich an der Hand zu einem Date führen müsste. Oder mich mit Gewalt abschleppen. Kidnappen. Mich dann betrunken machen und betäuben, worauf ich entspannt genug wäre. Aber sie tat es nicht.

Ich fand es schade, als Saaras Büro einen Monat später umzog und ich sie so gut wie nicht mehr sah. Ich hätte furchtbar gern Sex mit einer Frau gehabt, aber ich hätte dazu eine zuverlässige Tutorin gebraucht. Vielleicht eine, die nicht in mich verknallt war.

Ich wusste, dass ich Zeit brauchte und vielleicht irgendwann in der Zukunft dazu bereit sein würde. Aufgrund meiner Panik hätte sich auch Saaras Genuss mit Sicherheit auf dem Niveau von Minusgraden bewegt. Mit sehr großer Wahrscheinlichkeit hätte ich mit gespreizten Beinen im Bett gelegen, mir meinen Orgasmus geholt (falls ich vor Anspannung fähig gewesen wäre, zu kommen), worauf ich aufgestanden und unter die Dusche gegangen wäre, mich angezogen, kurz gefurzt und mich auf den Heimweg gemacht hätte.

Jedes Mal wenn ich Saara irgendwo sah, fand ich sie weiterhin seltsam, aber nicht mehr fremd. Oft stellte ich mir beim Masturbieren Saaras Finger vor.

FALSCHE LIEBE

Ich lernte Jussi über meine Freundin Maiju kennen, in der Laufgruppe. Maiju ist eine Marathonläuferin der harten Sorte und läuft jede Woche mit ihrer Gruppe zehn Kilometer. Danach gibt es immer Sauna und Roggenbrot. Sie überredete mich, an der wöchentlichen Zehnerrunde teilzunehmen, weil sie von meinem Interesse am Laufen wusste.

Als wir zum Treffpunkt kamen, an dem wir Handtücher und sonstiges überflüssiges Zeug ablegten, war mein Puls bereits ordentlich überhöht, wenn man in Betracht zieht, dass wir noch keinen Schritt gelaufen waren.

In den alten Turnschuhen meiner Mutter und einem fünfzehn Jahre alten Jogginganzug, der mir schon als Teenager zu groß gewesen war und in den ich immer noch »hineinwachsen« konnte, stand ich im Vorraum des Saunabereichs.

Die anderen banden sich die Schuhe und dehnten sich, plauderten fröhlich und redeten über eine neue Strecke, die sie ausprobieren könnten. Über die Strecke mit dem »harten Anstieg«. Ich schwitzte. Ich wäre bereit gewesen, auf der Stelle in die Sauna zu gehen, ohne jede Laufrunde.

Jussi kam als Letzter. Angeblich musste man auf ihn immer warten. Er war aber auch das Warten wert. Dieses Lächeln. Und besonders die festen Pobacken im Laufdress. Auch er war schon einmal einen Marathon gelaufen, genauer gesagt hatten neun von uns zehn bereits mindestens einen Halbmarathon hinter sich. Ich war die Einzige, die sich erst ein paar Mal überanstrengt hatte, indem sie einige Kilometer gelaufen war, weshalb ich schrecklich aufgeregt war, ob ich mithalten konnte. Maiju machte mir Mut und sagte lachend zu den anderen, ich sei aufgeregt. Jussi klopfte mir ermutigend auf die Schulter und lächelte mir ins Gesicht. Ich war so verdattert, dass ich mehrere Sekunden lang nichts sagen konnte. Dann würgte ich Jussi gegenüber heraus, er fasse gerade den 59 Kilo schweren Anker an, den er gleich hinter sich herziehen müsse. Jussi fand das okay. Er sagte, er mache gern den Steuermann. Wir waren uns sofort sympathisch.

Für mich verlief die Laufrunde mit Leiden, denn das Tempo war zu hoch. Aber es gehört nun einmal zur Blödheit der Anfängerin, keine Müdigkeit zu zeigen, sondern halbtot mitzukeuchen. In gewisser Weise war es ganz okay, denn ich rannte Jussis Pobacken hinterher. Ich beschloss, in ihrem Sog notfalls bis zum Mond zu laufen.

Nach dem Lauftreff suchte mich Jussi auf Facebook, machte mich zur Freundin und fing an, über dieses und jenes mit mir zu plaudern. Auch wenn es kein »Dieses und Jenes« gab, denn es war eindeutig Balzverhalten mit Tanz und aufgeplustertem Gefieder. Ein paar Zwinkersmileys und ein bisschen Necken. Jussi versprach, mit mir laufen zu gehen, denn ich legte ihm – in gewisser Weise sogar ernsthaft – dar, einfach nicht richtig laufen zu können. Es klappe beim besten Willen nicht. Die Füße rutschten seitlich weg, die Arme schwängen aus, wie es gerade komme, und der Rhythmus sei falsch. Ich weiß nicht, wie gut mir meine Schilderung gelang, aber Jussi machte das Spiel sofort mit.

Eine Woche später durfte ich mit Jussis Pobacken eine Privatrunde drehen.

Es hat etwas Erotisches, wenn zwei Singles, die aneinander interessiert sind, mit straffem Trikotstoff überm Po hintereinander herrennen. Wir liefen über Waldwege, Jussi hinter mir. Ich spürte seine Blicke. Mein Hintern schien wie eine Luftmatratze, die aufgepumpt wurde, zu einem riesigen Gebilde anzuwachsen, das nicht mehr beherrschbar war, sogar das Gehen wurde zu einem sonderbar betrunkenen Watscheln. So fühlt sich der Blick eines Mannes auf dem Po an.

Nach der Runde liefen wir zur Fortsetzung zu Jussi nach Hause. Obwohl eindeutig Brunft und Flirt in der Luft lagen, landeten wir lediglich plaudernd bei einer Tasse Tee. Sex lag nicht nahe, anders als bei meinen sämtlichen früheren Besuchen bei Männern. Wir spürten zwar beide, dass Lust und Interesse zwischen uns schwebte, aber es fehlte das diffuse Stöhnen, der Krampf, das Ganze schnell zu erledigen. Vielleicht wussten wir beide, dass auch dieser Tag kommen würde. Also wollten wir das Gefühl gären lassen, damit sich die Berührung dann noch magischer anfühlen würde.

Während Jussi Tee kochte, schlenderte ich in seinem gemütlichen Apartment umher.

»Erzähl mir eine lustige Geschichte über dich«, rief er mir zu. Ich überlegte kurz und fing an.

»Als ich in einem Klamottenladen arbeitete, bekam ich einmal einen Rüffel. Ich füllte gerade das erste Mal eine Schneiderkarte aus und …«

»Was ist eine Schneiderkarte?«, unterbrach mich Jussi.

»Na, wenn eine Kundin eine Jeans gekürzt haben will oder wenn etwas einen Riss hat, wird das Stück zur Schneiderei geschickt. Dazu muss man ein Blatt ausdrucken, auf dem man sieht, was gemacht werden soll.

Ich probierte also, so eine Karte auf dem Computer auszufüllen. Es war kein Kunde und kein Kleidungsstück da, also schrieb ich den Namen eines Fantasiekunden hin und was an dem Fantasiekleidungsstück gemacht werden soll. Und natürlich speicherte ich das nicht.

Zwei Tage später bekam ich einen Anruf von meinem höchsten Chef, ich solle ins Büro kommen. Als ich hinging, fragte er mich, ob ich wisse, warum ich hier sei. Ich saß doof da und sagte, ich hätte keine Ahnung. Dann hielt er mir das Blatt Papier vor die Nase. Die Schneiderkarte, die eigentlich nicht ausgedruckt werden sollte.

Auf dem Zettel stand alles, was meine Fantasie ins Spiel gebracht hatte. Dem Kunden hatte ich den Namen Dick Darm gegeben. Und für sein Kleidungsstück bestellte ich zehn Knopflöcher und untenrum Zunähen.

Der Chef sagte, die Schneiderei habe wütend angerufen und wissen wollen, was das sei. Wer es wage, einen Kunden als Dick Darm zu bezeichnen und ihn auch noch untenrum zuzunähen.«

Jussi lachte irgendwie dünn und überlegte. Er lachte ein bisschen zu wenig, angesichts dessen, für wie witzig ich die Geschichte gehalten hatte.

Während er den festgetrockneten Honig aus dem Glas kratzte, beugte ich mich über seinen Schreibtisch, um mir die Fotos anzusehen. Auf einem war Jussis gesamte Familie zu sehen.

»Hast du einen Bruder?«, fragte ich.

»Ja. Kalle. Er ist ein Behindi«, antwortete Jussi und goss Tee ein.

»Äh, was?«, fragte ich und war sicher, ihn falsch verstanden zu haben.

»Er ist behindert. Geistig behindert. Ich kümmere mich zweimal die Woche um ihn, damit meine Mutter und mein Vater mal ein bisschen freihaben. Ein irrer Kerl«, erklärte Jussi.

»Wie alt ist dein Bruder?«, fragte ich ihn weiter aus.

»Zweiundzwanzig. Aber geistig ist er ein kleines Kind. Und daran wird sich auch nichts ändern. Manchmal echt anstrengend für meine Eltern. Aber er ist trotzdem gut drauf. Durch ihn habe ich echt wahnsinnig viel übers Leben gelernt. Es gibt auf dieser Erde keinen Menschen, der echter und ehrlicher ist.«

Wow, dachte ich. Hier habe ich es mit einem feinen Mann zu tun. Endlich mal einer mit Reife, dachte ich und nahm einen Schluck Tee. Ich stellte mir vor, wie wir Hand in Hand aufs Standesamt gingen. Vielleicht aus Rache dafür, dass ich in Gedanken zu weit gegangen war, verbrannte ich mir die Zunge am Tee.

Zwei Stunden später ging ich in meinen verschwitzten Klamotten nach Hause. Wir hatten für die nächste Woche einen neuen privaten Lauftreff vereinbart. Eine Woche war genau die richtige Zeitspanne, um diesen Mann zu verdauen. Und als ich nach Hause kam, dachte ich so richtig über Jussi nach. Ich fand ihn toll. Ich war wahnsinnig begeistert, was an sich nichts Neues war, schließlich war ich immer von meinen Männern begeistert. Jussi kam mir bloß so rein, schön, stapazierfest und sensibel vor. Er wollte mich kennenlernen. Er wollte nicht in erster Linie Sex, so wie viele andere. Das beeindruckte mich. Er wollte mich kennen. Ich schmolz dahin.

Aber schon da regte sich in mir ein kleiner düsterer Gedanke, auch wenn ich ihn mir noch nicht bewusst machte. Der Gedanke, dass ich für Jussi zu kaputt war. Ich war gerade erst dabei, mich zusammenzusetzen, und wusste noch nicht, was für eine Konstruktion ich aus den Einzelteilen hinbekäme. Ich hatte Angst, nicht zu mögen, was ich zustande brachte, und ich hatte Angst, ich selbst zu sein.

»Der Geruch wollte einfach nicht mehr vom Finger weggehen. Einmal wunderte ich mich beim Essen, was das für ein Geruch ist. Na, es war Arschgeruch. Von meinem eigenen Arsch, meine ich. Ich hatte probiert, ihn ein bisschen zu kitzeln, als ich masturbierte. Ich hatte den Finger zwar bestimmt eine halbe Stunde lang mit Spülmittel geschrubbt, aber es half nicht«, erklärte ich Jussi hingerissen nach unserem ersten Mal, als wir zusammen im Bett lagen.

Jussi war ganz still. Ich glaubte sogar, einen kleinen Würgereflex bei ihm wahrzunehmen. Später fiel mir der gleiche Gesichtsausdruck auf, als ich Schwanz oder ficken sagte. Das tat ich allerdings mit Absicht. Ich neckte ihn, denn Jussi fürchtete sich vor solchen Wörtern. Für mich hingegen waren sie nur lustige Lautfolgen. Aber auf die Art schaute er mich an, als ich ihm erzählte, Chlamydien gehabt zu haben, weil ich einen Schwanz ohne Gummi gelutscht hatte. Jussi schaute mich so an, als ich sagte, abgetrieben zu haben, weil ich bei einem besoffenen Random-Fick schwanger geworden war.

Jussi schaute mich an, als müsste man mich reparieren. Ich wiederum sah Jussi in einer Wattewelt, die voller Zuckerwatte, Einhörner, Rosen und Luftballons war. Sachen, von denen er glaubte, ich würde sie jedes Mal ausscheiden, wenn ich scheißen ging.

Aber er hatte auch eine andere Seite, die ich ins Herz schloss. Er wollte sich um mich ebenso zärtlich kümmern wie um seinen geistig behinderten Bruder. Er wollte meine inneren Wunden heilen. Aber er verstand nicht, dass nur ich mich heilen konnte, niemand sonst. Und das war vielleicht der größte Unterschied zwischen uns.

Ich wollte mich Wichserin nennen dürfen, er wollte mich vom Wichsertum heilen. Ich war der Meinung, dass es ein Witz war und man mich davon nicht zu heilen brauchte, und er schwieg und umarmte mich.

Ich fing an zu denken, dass ich vielleicht doch davon geheilt werden müsste, dass mit mir vielleicht wirklich etwas nicht stimmte, weil ich sexuell so freizügig war.

Ich glaubte, dass so eine reine Seele wie Jussi mich stützen, aufheben und an die Hand nehmen konnte, aber da täuschte ich mich. Erst später begriff ich, dass mir Jussi nicht geholfen hat, mich zusammenzusetzen. Stattdessen machte er kaputt, was ich bereits zustande gebracht hatte, und versuchte mich dazu zu bringen, etwas zu konstruieren, das ihm gefiel. Er tat das nicht aus böser Absicht, sondern aus Liebe. Aber nicht mit einer Liebe, die umgestürzte Bäume mit Moos überzieht und morsch werden lässt und dafür sorgt, dass neue Bäume wachsen, stärkere als je zuvor – sondern mit einer, die einen Schössling neben den anderen setzt, damit ihm die Landschaft behagt.

Jussis Bruder Kalle mochte ich schrecklich gern. Diesen 22-jährigen Mann, der geistig auf dem Niveau eines Siebenjährigen war. Manchmal war er zu Hause und manchmal in einem Heim für geistig Behinderte. Meine innere Welt öffnete sich jedes Mal, wenn ich ihn sah. Anfangs hatte ich Angst vor ihm, scheute mich, wunderte mich. Es war seltsam, wenn ein Mensch von der Größe eines Erwachsenen so fröhlich auf mich zukam. So direkt redete. Echte Fragen stellte. Meine Stirnfalten so genau betrachtete und sofort merkte, ob ich einen guten oder einen schlechten Tag hatte. Ich brauchte eine Weile, um mich daran zu gewöhnen.

Manchmal wusste ich nicht, was ich ihm antworten sollte, und suchte mit dem Blick Hilfe bei Jussi. Ich wusste nicht, wie ich reagieren sollte, wenn Kalle fragte, was Sex bedeute. Er hatte das Wort am Abend zuvor im Fernsehen gehört. Ich wusste nicht, ob ich es ihm nun erklären sollte oder nicht. Ich wollte nicht in das Revier anderer eindringen, falls es in der Familie üblich sein sollte, solche Gespräche abzuwürgen. Jussi übernahm die Gespräche jedoch immer, wenn ich verstummte.

Er lächelte und meinte nur: »Du weißt selbst, was du antworten kannst. Sei einfach du selbst, so wie es Kalle auch ist.«

»Wenn ich mich anfassen will, muss ich in mein Zimmer gehen«, erklärte mir Kalle fröhlich die Spielregeln, nachdem Jussi ihm von Sex und Liebe erzählt hatte.

»So mache ich es auch immer, wenn mir danach ist«, antwortete ich, ermuntert durch Jussis Blick, und in Kalles Augen leuchtete das Glück darüber, dass sich jemand traute, offen darüber zu reden.

Trotz meines vielleicht etwas sonderbaren und furchtsamen Verhaltens fand Kalle Gefallen an mir. »Kommt deine Freundin her?«, begeisterte sich Kalle angeblich jedes Mal, wenn Jussi an seinem Handy herummachte.

Jussi und ich sprachen oft darüber, wie sehr Sex und Sexualität als etwas Schlimmes angesehen wurden. Wie man vor allem die Sexualität von geistig Behinderten fürchtete, ja missbilligte. Man verstand sie nicht. Aber warum?

Einmal saß Kalle in der Wanne, und ich kam zum Pinkeln ins Bad. Ich plauderte mit ihm über dies und das und richtete den Blick auf die Wanne. Aus dem Schaum ragte das steife Glied eines erwachsenen Mannes heraus, aber in Kalles Augen leuchteten die Kindlichkeit, die Empfindsamkeit und die Unschuld eines Siebenjährigen. Das war so widersprüchlich, aber irgendwie schön. Die Situation hatte nichts Sexuelles an sich. Vermutlich hatten das warme Badewasser, die Entspannung und die Erforschung des eigenen Körpers den Penis steif werden lassen. Kalle war ein bisschen verlegen, weil er selbst nicht verstand, was los war.

Jussis und Kalles Mutter Marjatta fiel es vielleicht am schwersten, mit Kalles Sexualität umzugehen. Rauno, der Vater, sprach darüber so gut wie gar nicht. Die Eltern gaben sich Mühe, es nicht zu verurteilen, aber sie hatten im vom Krieg ruinierten Finnland gelernt, dass Sexualität nicht wichtig war. Sex sollte nicht befreiend sein und Grenzen sprengen. Er sollte leise und lau sein und versteckt stattfinden. Je weniger, desto besser. Marjatta verurteilte es nicht laut, aber man sah ihr den Schrecken an, wenn sich Kalle die Hand in die Hose steckte, und sei es nur, um sich zu kratzen.

Wegen der Gespräche über Sexualität entfernte ich mich immer mehr von Jussi. Er schien die Sexualität seines Bruders zu verstehen, aber nur deshalb, weil dieser sie selbst nicht verstand. An vielen Abenden, wenn wir nebeneinander schliefen, dachte ich über mich nach und darüber, ob es falsch war, wenn ich verstand, dass ich viel Sex wollte.

»Jussi?«, flüsterte ich. »Jussi?«

»Ja?«

»Kann ich dich was fragen?«

»Hm«, brummte er aus dem Schlaf heraus.

»Es ist doch so, dass sich Kalles Sexualität als reines Interesse an etwas zeigt, das wir ›Normalen‹ in einer Halde des Unüblichen und Unnatürlichen wegzusperren und zu verhüllen versuchen?«

»Hm, ja.«

Ich war nicht in der Lage, noch etwas zu sagen. Jussi verstand alles, und trotzdem sahen wir die Dinge so unterschiedlich. Ich versuchte, die Welt so zu sehen, wie

Kalle sie sah. Für mich war er kein Sonderfall aufgrund seiner geistigen Behinderung. Für mich war Kalle der Normale, der seinen Körper und die Stellen, die Genuss bereiteten, erforschen wollte. Und Jussis Meinung nach tat Kalle das nur, weil er es nicht bleiben lassen konnte. Für mich unterschätzte man Kalle dadurch und die Sexualität ebenfalls.

»Warum fragst du das?«, flüsterte Jussi und umarmte mich fest.

»Nur so«, lachte ich und gab ihm einen Kuss. »Gute Nacht.«

»Gute Nacht, du Spinnerin.«

Ich konnte beim besten Willen nicht wieder ein Gespräch über Sexualität anfangen, denn wir hatten es schon zigmal geführt. Ich konnte dem schlummernden Schweinchen nicht sagen, dass er seinen Bruder unterschätzte, denn dann hätten wir uns wieder gestritten. Er hätte mich falsch verstanden. Er hätte wieder die Karte unter seinem Kissen herausgezogen, mit der er mir vorwarf, dass zu meiner Geschichte mehrere Sexpartner gehörten, von denen ich nicht einmal alle Namen kannte. So schliefen wir in Löffelchenstellung zusammen ein – zum letzten Mal.

Am nächsten Morgen brachten wir Kalle ins Heim für geistig Behinderte. Hin und wieder ging Kalle dorthin. Das erleichterte seinen Eltern das Leben. Sie waren müde, obwohl sie ihren Sohn wahnsinnig liebten. Diesmal ging im Heim nicht alles gut, denn am Abend kam ein Anruf. Kalle weinte und wollte nach Hause.

Wir holten ihn für die Nacht nach Hause. Es war nötig,

herauszufinden, was vorgefallen war. Das Heim war neu und Kalle noch nicht oft dort gewesen, weshalb wir annahmen, dass ihn das gestresst hatte.

»Was ist denn passiert?«, fragte Marjatta mit brechender Stimme und nahm Kalle in den Arm.

Die Pflegekräfte waren wortkarg und verlegen. Schließlich schilderte die Älteste von ihnen stammelnd den Ablauf der Ereignisse und erklärte, Kalle habe sich in seinem Zimmer vor lauter Heimweh angefasst. Eine Pflegerin sei ohne anzuklopfen hereingeplatzt und habe ein bisschen verärgert gefragt, was tust du da. Kalle hatte sich geschämt und angefangen zu weinen. Er wollte, dass man seine Mutter anrief.

»Hätte man ihn nicht nach der Abenddusche nackt in seinem Zimmer alleine lassen können? Lange hätte das doch nicht gedauert«, fragte ich ein wenig aufgebracht. Jussi und Marjatta sowie die alte Pflegerin genierten sich extrem. Niemand sagte mehr etwas, und wir gingen mit Kalle davon.

Kalle erklärte, er habe sich nur anfassen wollen und auch noch in seinem Zimmer, so wie man es ihm beigebracht habe.

»Schreckliches Miststück«, beschrieb Kalle die Pflegerin, und schließlich mussten wir alle lachen. Ich verstand, wie er sich fühlte.

Jussi brachte mich nach Hause. Ich wollte zwischendurch mal allein sein, denn wir waren die letzten zwei Monate ständig zusammen gewesen. Vielleicht ein bisschen zu viel. Ich sehnte mich so sehr nach Gesellschaft, dass ich sie nicht verweigern konnte. Und es war ja auch schön mit Jussi. Aber Liebe? Es fiel mir schwer, zu unterscheiden, was was war. Pasi hatte mir seinerzeit für ein paar Tage das Herz geraubt. Jussi war das auf die gleiche Art nicht in fünf Monaten gelungen, obwohl doch alles eigentlich gut und glücklich war, sogar perfekt. Das beschäftigte mich. Und ab und zu weinte ich auch darüber, dass ich nicht ich selbst sein durfte. Dass Begriffe wie Sexualität und Sex ganz unnötig zu Eckpfeilern unserer Beziehung geworden waren. Aber die Unterschiede zwischen unseren Ansichten waren so groß, dass sie sich nie berühren würden. Auf dem Weg zu mir nach Hause malte ich mit dem Finger auf das beschlagene Fenster, und eine Träne rann mir über die Wange, wegen Kalle und wegen mir selbst.

Als das Auto vor meinem Haus anhielt, gab ich Jussi einen Kuss auf die Wange und sagte, wir telefonieren. Nach einem solchen Abend hätte ich ihm unmöglich sagen können, dass wir uns trennen, obwohl ich mein Herz am liebsten sofort gereinigt hätte. Es war ein schreckliches Gefühl, so etwas Unfertiges in sich zu behalten.

Zu Hause dachte ich noch einmal an Kalle. Nach der Trennung würde ich ihn wahrscheinlich nicht mehr oft sehen. Ich dachte an die Pflegerin, die aus Versehen das Innere des sensiblen Kalle zerbrochen hatte, indem sie zur falschen Zeit ins Zimmer gekommen war und den falschen Ton angeschlagen hatte. Von solchen kleinen Dingen kann alles abhängen.

Ich traf Jussi wenige Tage nach dieser Episode. Er weinte, als ich sagte, wir sollten uns nicht mehr sehen.

Allerdings hatte er aufgrund unserer Streitereien schon geahnt, dass es vielleicht so kommen würde.

Die Trennung war eine furchtbar schwere Entscheidung für mich. Schwerer als alle vorigen, denn ich wollte lieben. Nach unserer Trennung hatte ich Sehnsucht nach Jussi und nach Kalle. Aber ich empfand für Jussi nicht das, was ich empfinden wollte. Lange schickte er mir noch Nachrichten und hoffte, wir würden wenigstens zusammen laufen gehen. Aber weil ich wusste, wie sich ein gebrochenes Herz anfühlt, wusste ich auch, dass Distanz für Jussi jetzt das Beste war. Er wäre am liebsten bis ans Ende des Lebens mein Freund geblieben. Ich wusste jedoch, dass dies erst passieren konnte, wenn er über unsere Beziehung hinweggekommen war.

Viele wunderten sich über unsere Trennung, denn wir mochten uns. Im Grunde genommen wunderte ich mich selbst darüber. Millionen Fragen gingen mir durch den Kopf. Obwohl ich Liebe um mich herum gehabt hatte, war ich nicht glücklich gewesen. War es dann überhaupt Liebe gewesen? Kann man denn lieben, wenn man den anderen ändern will? Wieder heulte ich. Ich befand mich am Ausgangspunkt. Auf null. Im Minus. Und ich war müde. Stand mit leeren Händen da. Ich zweifelte an mir selbst und daran, ob ich den richtigen Entschluss gefasst hatte, obwohl ich gleichzeitig wusste, dass ich richtig gehandelt hatte. Denn letzten Endes entscheidet das Zusammensein, nicht das Gefühl, das aufkommt, wenn man sich trennt.

Nach der Trennung war ich lange niedergeschlagen. Mein Leben geriet ins Stocken. Obwohl ich selbst Schluss gemacht hatte, tat es sehr weh. Ich vermisste Jussi schrecklich. Ich vermisste das Einschlafen in Löffelchenstellung, das Küssen, den gemeinsamen Morgenkaffee, die Laufrunden. Jussi war mir so nahegekommen. Teilweise hatte ich Angst, die Sehnsucht und die Traurigkeit könnten mich dazu bringen, ihn zurückzuwollen. Ich wusste von früher, dass es so kommen würde. Aber weil ich damit rechnete, wusste ich auch, was ich dagegen tun musste. Ich rief Jussi nicht an, schickte ihm keine einzige Nachricht und entfernte ihn in jeder Hinsicht aus dem Blickfeld. Ich wusste, dass ich den Kerl eines Tages wieder hervorholen und betrachten konnte und mich dann wundern, vielleicht auch ein bisschen weinen und mich erinnern würde, aber vor allem würde ich mit Wärme an ihn zurückdenken: Das war Jussi.

Drei Monate nach unserer Trennung trafen wir uns zufällig auf der Laufstrecke. Das war ein komisches Gefühl, mein Herz zog sich schlimm zusammen, und wenn es noch möglich gewesen wäre, hätte ich mich ins Gebüsch geschlagen und versteckt. Ich hatte Angst, womöglich heulen zu müssen und meine Sehnsucht zu offenbaren, und dass dann alles wieder von vorne anfangen und ich irgendwann wieder Jussis Herz brechen würde. Trotz meiner Ängste überstand ich unser Zusammentreffen jedoch unbeschadet. Jussi nicht. Er weinte, und ich wusste nicht, wie ich ihn trösten sollte. Ich traute mich nicht, ihm zu nahezukommen, und wollte ihn auch nicht von mir stoßen.

Schließlich brachte er unter Tränen heraus: »Kalle vermisst dich.«

Mehr redeten wir nicht. Wir umarmten uns und liefen dann in unterschiedliche Richtungen weiter.

Erst dann weinte ich. Es fühlte sich schlimm an, einem anderen das Herz gebrochen zu haben.

DIE KONSTANTE DES SINGLEDASEINS

Die Konstante des Singledaseins besteht darin, dass sich im Leben alles um die potenziellen Partnerschaftskandidaten dreht, um Versuch und Scheitern. Alles in meinem Leben schien zu laufen wie ein Hamsterrad, das beim Rotieren Streu durch die Gegend schleuderte, die hauptsächlich mir in die Augen flog. Männer, One-Night-Stands, Liebe, Suchen, Hoffen, Enttäuschung, Einsamkeit und wieder Männer. Manchmal schien das Tempo so hoch zu sein, dass ich mich nicht traute, abzuspringen, und wenn das Rad stoppte, hatte ich Angst vor dem, was außerhalb des sicheren Rads auf mich wartete. Ich hatte Angst, mich im Käfig selbst zu finden.

Vor allem nach Jussi wollte ich nichts Sinnloses oder Provisorisches mehr. Ich wollte keinen Rettungsring, keinen random BMW-Fahrer, der die Autoschlüssel durch die Finger laufen ließ und beim ersten Date erzählte, wie sein Auto mal einen Kratzer bekam, aber dass nicht er daran schuld gewesen sei, sondern so eine Matschbirne, eine Frau. Ich wartete eine Weile ab, damit sich die Konstante wandeln und ich nicht mehr so schwere Beziehungsenttäuschungen erleben würde. Zwar hoffte ich weiterhin, die Liebe zu finden, aber man kann nun mal nicht vorhersehen, was kommt. Ich wusste, dass sich nichts änderte, wenn ich nichts unternahm. Gleichzeitig war ich erschöpft, denn ich versuchte schon lange, geistig zu wachsen, und sah trotzdem nirgendwo Resultate, nicht einmal einen Lichtstreif am Horizont.

Ich war sauer auf mich selbst, weil ich aus dem Hamsterrad nicht herauskam, und schüttelte aggressiv den Kopf, während ich bei meiner Freundin auf der Couch saß und zu heißen Kaffee schlürfte, zu dem es keine Milch gab.

»Nein. Kein Rettungsring, sondern etwas, das neben mir schwimmt«, sagte ich immer wieder. »Und neben dem ich schwimmen möchte«, fügte ich hinzu, denn ich sah im Blick meiner Freundin den Case Jussi.

Nebenbei tippte ich auf meinem Handy herum und löschte auf Facebook und anderen Online-Kanälen jeden ehemaligen Fick, der zufällig übrig geblieben war. Sämtliche Nachrichten und Telefonnummern.

»Die Liebe finde ich garantiert nicht, wenn ich die alten Ficks mitschleife und mich heimlich freue, weil einmal im Jahr einer fragt, wie's so geht, und mir an die Möse will«, schnaubte ich.

Meine Freundin trank einen Schluck von ihrem Kaffee, chattete auf Tinder mit einem neuen tollen Typen und nickte mir dabei zu, als wollte sie mir mitteilen, »das sage ich dir schon seit zwei Jahren«. Aber Freundinnen sagen so etwas natürlich nicht laut, weil das nichts nützt und die Betroffene davon nur schlechte Laune bekommt.

Die meisten von uns sind äußerst eifrig im Kommentieren und Analysieren dessen, was andere tun, aber man soll das Leben einer anderen Person nur heimlich analysieren. Dann ärgert sich niemand, und die analysierende

Person kann kurz ihre Überlegenheit genießen. Allerdings muss man das Analysegespräch über die nicht anwesende Person immer damit beenden, dass man alles gerade Gesagte abmildert: »Aber sie ist schon ein echt netter Typ.« »Und ich sag nicht, dass irgendwas falsch daran wäre.« »Jeder auf seine eigene Art.« »Mir doch egal, was sie tut.«

Ganz zum Schluss muss jedoch eines sichergestellt werden: »Sie ist schon ein bisschen seltsam.«

Meine Freundin unterbrach das Chatten für einen Moment und konzentrierte sich auf mich, weil sie merkte, dass ich allein auf dem Grund der Schlucht lag.

»Wenn deine Welt je zusammenbrechen sollte, auch nur ein bisschen, kannst du immer in meine Arme kommen«, sagte sie.

Ich schaute sie traurig lächelnd an und brach in Tränen aus. Wir umarmten uns und lachten. In die Arme einer Freundin kann man immer kommen, egal was einem im Leben begegnet. Sollte meine Welt morgen zerstört werden, klettere ich meinen Geschwistern, meinen Eltern oder meinen Freundinnen auf den Schoß, Menschen, die wirklich etwas für mich empfinden. Man kann im angezogenen Zustand auch mit Verwandten in Löffelchenstellung daliegen. Vielleicht öffnete mir gerade das Singledasein die Augen dafür, dass ich aus meiner näheren Umgebung Liebe saugen kann. Und dass ich mich glücklich schätzen darf, dass mir das möglich ist.

Oft heulte ich über meine Einsamkeit und darüber, dass alle meine Männergeschichten direkt durch mich hindurchgingen und mich niederschmetterten, obwohl es eigentlich keinen Grund gab, so elend zu schmachten. Dem Anschein nach war doch alles gut bei mir. Die Einsamkeit tat physisch weh. Ich heulte, weil ich mich nach Berührungen sehnte, aber diese Sehnsucht war nicht sexuell, sondern etwas anderes. Ich spürte, wie mein Körper nach einem anderen Menschen rief. Aber ich merkte auch, dass ich nicht die Einzige war.

Am Ende führen wir alle ständig die gleichen Kämpfe. Wenn man sich darauf konzentriert, mit dem Schwert nach den eigenen Dämonen zu stochern, sieht man normalerweise nicht, dass alle anderen genauso herumfuchteln. Und wenn man sich kurz traut, das eigene Schwert sinken zu lassen und zu verschnaufen, kann man Menschen sehen, die die Fäuste schwenken und fluchen, die davonlaufen und heulen – die gegen etwas kämpfen, das niemand außer ihnen sieht. Dann kann man auf den Gedanken kommen, dass die doch alle verrückt sind. Warum hört die nicht auf mit dem Quatsch? Wovor hat sie Angst? Dabei vergisst man leicht, wie man selbst gerade noch vor seinem eigenen Schatten zurückgeschreckt ist, vor der Dunkelheit, vor dem Verirren, vor der Stille, vor der Einsamkeit, davor, abgewiesen zu werden, verstoßen zu werden, vor dem Gefühl der Wertlosigkeit. Wir haben alle Angst vor etwas. Wir sind alle in Bereitschaft.

Plötzlich entzückte mich eine Erinnerung: »Ja genau! Letzte Woche habe ich vom Bus aus Pasi gesehen! Er ging mit irgendeiner Tussi Hand in Hand. Zuerst war ich voll geschockt, dann aber ganz cool. Erst daheim hab ich ein paar therapeutische Tränen vergossen.«

Meine Freundin reichte mir tröstend ein Taschentuch

und nickte wieder, von wegen, das hast du mir schon letzte Woche erzählt. Und beim vorletzten Mal, als wir uns trafen, auch.

Pasi gesehen zu haben, hielt ich für eine Kleinigkeit, aber ich erzählte dieselbe Nachricht auch beim nächsten Mal wie nebenbei wieder. In Wirklichkeit schien es mich so erschüttert zu haben, dass ich erst einen Monat nach dem Vorfall aufhörte, ihn meinen Freundinnen gegenüber zu erwähnen.

Ich wollte der Konstante des Singledaseins unbedingt entkommen – dem Laufrad, in dem ich mich abmühte –, also beschloss ich endlich, etwas Konkretes zu tun. Auf die Idee kam ich, als ich zu Fuß von einer Freundin nach Hause ging. Die Entfernung von zwei Kilometern war genau richtig, es wehte ein herrlich kühler Herbstwind, aber hinter den Bäumen schien noch die Sonne. Ich hörte Musik und spürte, wie der Wind durch mich hindurchging. »Mensch, ich bin frei«, dachte ich bei mir, und wieder liefen mir Tränen über die Wangen.

Anstatt mit dem Rennen aufzuhören, aus dem Rad zu steigen und vorsichtig frische Luft zu schnuppern, verdoppelte ich das Tempo und sprang ab, denn ich wollte möglichst weit fliegen. Aus der Ferne hätte ich dann eine bessere Sicht auf den Ort, an dem ich jahrelang rotiert war.

Schon seit Jahren fiel es mir schwer, von dem Gedanken loszukommen, dass jeder Singlemann, den ich traf, die Liebe meines Lebens sein konnte. Ich wünschte mir die Liebe so sehr, dass ich versuchte, auf Biegen und Brechen zu lieben und auch Typen zu verstehen, die ich kein bisschen verstand. Auf diese Weise findet man keine Liebe, sondern etwas, aus dem man Liebe formen will. Auf diese Weise findet man BMW-Schlüssel-Schwinger, Seelenheiler, Scherenhände, Jussis und Konsorten.

Nachdem ich die unnötigen Männer aus meinem Leben entfernt hatte, weinte ich vor Freude. Endlich traute ich mich, mir einzugestehen, dass ich Liebe wollte und nicht bloß Sex. Ich weinte, weil ich mich traute, den quälenden Gedanken loszulassen, ob eine von meinen alten Männergeschichten vielleicht doch das Richtige gewesen wäre. Erst nach Jahren als Single kapierte ich: Wenn ich einen ausgeglichenen, selbstsicheren Mann will, muss ich selbst so sein. Ich muss verstehen, wer ich wirklich bin und was Glück für mich bedeutet.

Das Glück ist wie ein Muskel. Wenn man es nicht trainiert, lässt seine Kraft nach und es erschlafft am Ende so sehr, dass es nicht mehr trägt. Man darf nicht vergessen, mehrmals die Woche mit ihm pumpen zu gehen. Macht nichts, wenn man nicht jeden Tag daran denkt oder sich nicht aufraffen kann. Wichtig ist, dass das Training trotzdem zur Alltagsroutine gehört.

An jenem Herbsttag auf dem Weg nach Hause festigte jeder Schritt den Gedanken, dass ich etwas Neues, Spannendes in meinem Leben will, etwas, das nur für mich ist und kein Mann. Etwas, das mir hilft, mich selbst zu verstehen. Als ich die Haustür erreicht hatte, textete ich meiner Freundin, ich werde eine Reise nach Australien buchen.

Und das tat ich auch. Das war meine Methode, mich von der Konstante zu lösen und das Glück zu suchen.

DER KERL

»Kurz bevor du fliegst, wirst du einen Mann kennenlernen«, sagten alle. Und ja. Ich lernte einen Mann kennen, der mir den Boden unter den Füßen mit einer solchen Kraft wegzog, dass ich auf die Schnauze fiel.

Unsere Geschichte fing als ganz gewöhnlicher Abend in einer Bar an. Wir kannten uns nicht, aber meine Freundin Maija kannte Petteri, der wiederum diesen Mann kannte.

In der entsetzlich vollgestopften und lauten Bar wollten Maija und Petteri gar nicht mehr aufhören, sich miteinander zu unterhalten. Ich stand in Minirock und High Heels mitten in einer fröhlich tanzenden Männertraube. Obwohl Maija und ich schon nachmittags um zwei angefangen hatten, was zu trinken, stand ich ein bisschen verlegen herum und wusste nicht, wohin ich schauen sollte. Ich versuchte ein bisschen im Takt der Musik mit den Hüften zu wackeln, um nicht so betrübt auszusehen (obwohl: Wer sah das schon? Niemand), aber mein Minirock erlaubte meinen Beinen keine Tanzschritte, also versuchte ich die Wand zu schmücken und den komisch herumhüpfenden Männern auszuweichen. Einer von ihnen hüpfte mehr als die anderen. Ich schaute ihn verächtlich an und dachte bei mir, komm bloß nicht zu mir, du lauter, muskelbepackter Kerl. Ich befürchtete das Schlimmste. Und es geschah.

Der Kerl galoppierte auf mich zu, schnappte mich am Handgelenk und schleifte mich, ohne ein Wort zu sagen, an die Theke. Er lud mich zu einem Drink ein, und wir blieben den ganzen Abend an Tresen kleben. Freunde kamen und gingen, aber wir blieben am Tresen. Ich weiß nicht einmal mehr, worüber wir uns unterhielten. Maija und Petteri schlossen eine Wette darüber ab, wie unser Abend weitergehen würde. Petteri behauptete, der Kerl mache sich nichts aus One-Night-Stands und würde nicht mit mir gehen. Meine liebe Freundin Maija hielt dagegen. Sie sagte, diese Frau nimmt alles mit, wenn es sich ergibt.

Petteri verlor die Wette. Ich packte den Kerl am Schlafittchen, und wir machten uns genau rechtzeitig vor Schankschluss aus dem Staub. Viel mitzureden hatte der Kerl dabei nicht. Und mir kam nicht einmal für eine Sekunde in den Sinn, dass ich von One-Night-Stands eigentlich die Nase voll hatte.

Der Kerl war mit dem Fahrrad unterwegs, also spreizte ich auf dem Gepäckträger die Beine, dass mein Minirock bis über den Nabel nach oben rutschte. Das war ein bisschen hart, denn die Temperaturen lagen unter null Grad, und hier und da lag Schnee. Aber wer würde vor einem anständigen Mann nicht die Beine spreizen.

Wir fuhren zur WG des Kerls, die keineswegs so leer war, wie eine sexhungrige Frau es sich gewünscht hätte, aber doch leer genug – zumindest was ein Zimmer betraf. Kaum hatte ich mich fröhlich ausgezogen, geschah etwas, das mir in solchen Situationen noch nie zuvor widerfahren war. Nachdem er mich nackt gesehen hatte, schaltete der Kerl das Licht aus. Ich knipste es wieder an.

Er löschte es erneut. Warum nicht, dachte ich mir und stieß den Mann ins Bett.

Als der Kerl auf obskure Art an meiner Vagina herumfummelte, kam mir Supermann MacGyver in den Sinn, der versucht, aus Klitoris und Schamlippen einen Schlüssel für einen Tresor zu basteln. Der Supermann hätte bei seinem Vorhaben allerdings Erfolg gehabt. Ich versuchte dem Kerl zu signalisieren, er solle ein bisschen sanfter sein, aber er bearbeitete meine Vagina wie ein Schuster seine Schuhe. Ich versuchte es mit einer Fantasieübung und fragte ihn, ob er ein Handy mit Touchscreen habe. Der Kerl hörte auf zu hantieren und starrte mich entsetzt an. An seinen Augen sah man, dass hier gerade ein neuer Sektor erschlossen wurde.

»Wieso?«, fragte er, und ich antwortete.

»Fass mich so sanft an, wie du das Handy anfassen würdest.«

Der schockierte Kerl erstarrte in äußerst unbequemer Haltung, die Finger (alle fünf) weiterhin in den Tiefen meiner Vagina, und wusste nicht mehr, was er tun sollte.

»Und ein bisschen Spucke würde auch nicht schaden«, fügte ich hinzu, obwohl ich an dem Punkt vielleicht hätte aufhören sollen.

Normalerweise lassen die Typen einen dünnen Faden Spucke auf die Finger laufen und führen sie dann an die Stelle, die im gespreizten Zustand schon ein bisschen trocken geworden ist. Nicht so der Kerl. Er kratzte alles zusammen, was er im Hals hatte, und spuckte es mir auf den Bauch.

»Oh, nicht getroffen«, kommentierte er seinen Versuch. Als der Spotz über meine Hüfte aufs Laken troff, schlug ich ihm vor, zu vögeln, und kramte ein Kondom aus meiner Handtasche. Danach lief es richtig gut, denn stoßen kann jeder.

Erst nach dem morgendlichen Treiben ging mir auf, dass ich einen Mann abgeschleppt hatte, der noch nie einen One-Night-Stand gehabt hatte. Der ungefähr fünfmal im Leben Sex gehabt hatte. Der gedacht hatte, wir würden nur schlafen. Alle Signale waren natürlich da gewesen, aber ich hatte sie nicht zu deuten gewusst.

Ich kam auf den Gedanken, dass der Mann vielleicht gar keinen Sex gewollt hatte. Hatte ich ihn also zum Beischlaf gezwungen? Zwar wollte auch der Kerl Sex (zumindest sein Körper), aber eine Lustbumserin wie ich kam gar nicht auf die Idee, dass der andere womöglich schlafen will. Und wenn man den Pimmel eines Mannes reizt, wacht er eben auf – ob der Mann nun ans Schlafen denkt oder nicht. In diesen Dingen sind die Grenzlinien manchmal haarfein.

Am Sonntagabend, allein zu Hause und mit Kater, ertrug ich den Gedanken nicht, jemanden vergewaltigt zu haben, weshalb ich Kontakt zum Kerl aufnahm. Ich wollte reden, mich entschuldigen und fragen, ob ich ihn mehrfach vergewaltigt hatte. Er lachte und sagte, ich hätte ihn nicht vergewaltigt, auch er habe es gewollt, bloß sei er allgemein nicht an One-Night-Stands interessiert. Ich lud ihn ein, am nächsten Wochenende zu mir zu kommen.

Das war unser erstes »Date«. Allerdings kein traditionelles, denn er kam zu mir, wir gingen in die Sauna und trieben dann das ganze Wochenende etwas, wovon er keine Ahnung gehabt hatte. Am letzten Morgen, kurz bevor er losmusste, lagen wir schwitzend aufeinander. Das Laken war nass, die Bettdecke auf den Boden gerutscht, das Fenster beschlagen, und die Hunde neben dem Bett starrten uns an. Ich lag auf dem Rücken und drückte seine Rückenmuskeln und seine Pobacken, zum Zeichen: Lass es krachen, Babe. Er tat wie geheißen, und so begann ein ordentliches Knattern. Es dauerte nicht lange, bis er schüchtern meldete, er werde gleich kommen.

Da passierte es.

Ein Vaginafurz schmetterte gegen seine Hoden. Das Rammeln hörte auf wie abgeschnitten. Ich kapierte nicht gleich, dass das arme Kerlchen, das gerade eine neue Disziplin kennenlernte, glaubte, ich hätte gerade gefurzt. Ich fing an zu lachen, er nicht. Dann sagte ich, das war ein *fanny fart*. Ein Vaginafurz. Der kam aus meiner Muschi. Der Kerl wirkte erschüttert. Er sah aus wie einer, der gerade seine Eltern beim Bumsen erwischt hat. Er glaubte eindeutig, ich hätte mir eine Ausrede ausgedacht. Eine schlechte Ausrede.

An dieser Stelle sollte man beachten, dass wir bis dahin noch nicht in Gegenwart des anderen gefurzt hatten. Ich hatte sogar die Kloschüssel mit drei Rollen Klopapier gefüllt, damit man durch die Pappwände nicht hörte, wie der braune Pfosten ins Wasser klatschte. Falls Stuhlgang unbedingt nötig wäre. In der Anfangsphase einer Beziehung hält man es lieber ein, wenn man zusammen ist. Bis der Bauch am Ende von fünf Tagen Scheiße so hart ist, dass man eine Betonfirma gründen könnte.

Der Akt ging in verschiedenen Stellungen und mit einer gewissen Steifheit weiter. Durch langsame Penetration versuchte der Kerl, eine Wiederholung des schrecklichen Moments zu verhindern, den er gerade erlebt hatte. Wir sprachen später nicht darüber, und es vergingen sage und schreibe fünf Tage, bis er mich anrief. Das dürfte lange genug gewesen zu sein, um sich vom ersten Vaginafurz seines Lebens zu erholen.

Der Kerl war mein miesester Fick überhaupt, aber trotzdem war ich ganz verrückt nach ihm.

Er konnte nichts anderes (oder war vor Aufregung zu nichts anderem fähig) als ein bisschen stoßen. Schockiert lag er auf dem Rücken, als ich als erfahrene Frau die Sache in die Hand nahm. Seine Sache und meine. Dennoch befand ich mich auf dem Gipfel des Glücks. Ich dachte, ich hätte den besten Sex meines Lebens, obwohl der Mann so klamm wie eine Leiche war. Er war so unerfahren, und ich hatte alles erlebt. Die Technik spielte keine Rolle. Ich wusste, er würde es mit der Zeit lernen.

Durch den Kerl begriff ich, worum es bei gutem Sex geht, denn als ich diese klamme Leiche fickte, fiel mir eine Last von den Schultern. Ich verstand etwas: Ganz gleich, wie fingerfertig ich zwischen den Decken war, wie sexy in meinem Kleid, und selbst wenn ich den Saft der ganzen Welt schlucken und meinen Anus täglich zur freien Verfügung stellen würde, so bedeutete das nicht, dass sich jemand mehr aus mir machte. Durch Sex bekommt man keine Liebe. Durch einen kurzen Rock bekommt man keine Liebe. Durch das Lutschen eines

Schwanzes bekommt man keine Liebe. Sex ist keine Liebe, aber die Liebe macht sich im Sex bemerkbar. Die Liebe erkennt man daran, dass man sich wohlfühlt – ob man Sex hat oder nicht.

Das mag für alle anderen eine Selbstverständlichkeit gewesen sein, für mich war es das nicht. Ich hatte Sex immer als eine Art Instrument benutzt, um etwas zu bekommen, aber dieses Etwas war kein Orgasmus. Es ging eher um Liebesbedürfnis, Nähe, Aufmerksamkeit, Berührung. Schon auch um Penetration, aber das war nur ein kleiner schwanzformatiger Teil des Ganzen.

Ich verstand, dass es bei gutem Sex nicht um Zaubertricks und nicht um Explosionen geht. Es geht darum, dass man ganz da ist. Das garantiert, dass die Möglichkeit und der Wille da sind, etwas zu lernen, denn wenn man einfach bloß drauflospfuscht, merkt man nicht unbedingt, wie es sich für den anderen wirklich anfühlt.

Weil der Kerl und ich in verschiedenen Städten wohnten, hielten wir telefonisch Kontakt. Nach den stundenlangen Gesprächen glühte das Handy. Man hätte Speck darauf braten können. Der Kerl wollte alles von mir wissen. Er sagte, ich sei lustig. Er lachte über meine unanständigen Witze, im Gegensatz zu Jussi. Er sagte, ich sei anders. Speziell. Das war neu für mich, nach all den Wichsern, mit denen ich gefickt hatte, deren Penisse ich zum Schwellen gebracht und aufgepumpt hatte und deren Nachrichten nie bei mir ankamen, weil sie nicht abgeschickt worden waren.

Also verliebte ich mich. Zum ersten Mal, seit ich nach meiner Trennung Pasi verfallen war. Ich verliebte mich und ging in Stücke, denn meine Abreise nach Australien stand bevor. Meine schlimmste Angst war, diesen Menschen zu verlieren, in dessen Arm ich einschlafen wollte. Das war meine schlimmste Angst, denn ich hatte immer geglaubt, dass ich es nicht mag, in Löffelchenstellung zu schlafen (außer mit Pasi und ein bisschen auch mit Jussi, aber die zählen wir jetzt nicht mit). In Wahrheit hatte es damit zu tun, dass es mit den falschen Personen war. Vier Monate vor meiner Abreise traf ich einen Mann, an den ich mich verlor.

In meinem Tagebuch notierte ich dramatisch:

Liebes Tagebuch,
alle Redensarten stimmen. Alle Liebeslieder stimmen. Alle Liebe dieser Welt kommt aus der Richtung, in die man nicht sieht.

Und sie kann auch verloren gehen, denn das Leben hat seine eigenen Pläne. Nichts ist sicher. Nichts. Außer dem Tod.

Das kam mir so wahr vor, obwohl ich mir nicht sicher bin, ob es jemals wirklich Liebe war. Findet man einen Seelenverwandten, kann dessen Bedeutung darin bestehen, dass er eine Seite an einem offenlegt, die bis dahin im Dunkeln gelegen hat. Es zeigt einem, dass es Dinge gibt, die noch nicht verarbeitet worden sind. Darum löst es einen so starken Gefühlssturm aus.

Aber der Sinn eines Seelenverwandten besteht nicht unbedingt darin, ein Teil des Lebens zu bleiben. Er kommt, öffnet die Luken und geht.

LIEBE MACHT ANGST

Mit gemischten Gefühlen fuhr ich in die Welt hinaus. Ich hatte den Mann meines Lebens getroffen. Da war ich mir hundertprozentig sicher. Ich wusste auch, dass ein Jahr Trennung ein echter Test war. Würde unsere Geschichte diese Trennung aushalten, würde sie alles aushalten. Ich war mutig und traute mich, nach dem Traum zu greifen. Ich kapierte nicht, dass es in Liebesgeschichten nicht darauf ankommt, nach dem Traum zu greifen, sondern nach der Realität.

Das Jahr im Ausland verlief natürlich völlig anders, als ich es mir vorgestellt hatte. Vor meinem inneren Auge hatte ich mich glücklich und mit wehendem Haar in der großen weiten Welt gesehen, an meiner Seite ein extrem sexy Surfer. Ich stellte mir vor, mein Leben wäre nichts als Feiern, Arbeiten und Sex. Es war alles andere als das.

Bei meinem Job in der Bar traf ich bloß auf alte Säcke, die mir an den Hintern grapschten, wenn ich an ihnen vorbeiging. Oft dehnten sich meine Arbeitstage auf zwölf Stunden. Ich fand einige Freunde in meinem Alter und fuhr mit ihnen ein bisschen in der Gegend herum.

Ich lernte ein paar Surfer kennen, die am Strand fürchterlich betrunken dubios zwischen meinen Beinen herummurksten. Sie ersetzten mir den Kerl und bedeuteten mir zugleich nichts. Ihre Berührungen kamen mir fremd und sogar unangenehm vor, aber ich sehnte mich so sehr nach Nähe, dass ich sie zu mir ins Sandbett ließ. Weil ich den Kerl erst wenige Monate vor meiner Abreise kennengelernt hatte, befanden wir uns natürlich in keiner Form von Beziehung. Während meiner Zeit im Ausland lebten wir weiter wie vor unserem Kennenlernen.

Geistig gehörte ich zu hundert Prozent ihm (auch wenn er das vielleicht nicht wusste), aber sicherheitshalber setzte ich mein Singledasein fort, weil es so vereinbart war. Ich glaubte auch, dass es das einzige richtige Mittel war, die Sehnsucht und die Beklemmung zu beseitigen und besonders die Angst, ihn zu verlieren.

Aber was ich auch versuchte, ich bekam den Mann, der in Finnland saß, nicht aus dem Kopf. Ich versuchte sehr wohl, mich ihm zu nähern, aber nicht offen und ehrlich, ich traute mich nicht, ihn nach dem zu fragen, vor dem ich Angst hatte. Er beantwortete meine kurzen und oberflächlichen Nachrichten kurz und oberflächlich. Ich lag, wie ich mich bettete.

Weil wir nicht offen redeten, kam ich nicht von ihm los. Ständig fragte ich mich, ob er an mich dachte. Ich traute mich nicht, ihn danach zu fragen, also folgerte ich, dass er nicht an mich dachte. Dann beschloss ich, dass er an mich dachte. Dass er die Liebe meines Lebens war. Dass er es nicht war. Dass auch er abends das Kopfkissen umarmte und wünschte, es wäre ich. Dass er es garantiert nicht umarmte. Und so weiter. Mir strömten Gedanken durch den Kopf, die nirgends anfingen und nirgends aufhörten. Ich deutete jede Nachricht, jedes Bild und jeden Kommentar, alles, was ich auf seiner Facebook-Seite fand.

Ich dachte mir Geschichten und Lieben aus. Affären. Jede Frau konnte eine gefährliche Bitch sein. Ich machte mich selbst verrückt, indem ich Gedanken hin und her drehte, die nicht zu Lösungen führten und zumindest nichts über die Wahrheit sagten – darüber, was der Mann wirklich dachte.

Das Schlimmste an der Situation war, dass sich meine Ängste bewahrheiteten. Er hatte eine andere. Meine schrecklichen Gedanken über die Zukunft entmutigten mich so sehr, dass ich mich nicht traute, ihn direkt danach zu fragen, und darum bewahrheiteten sie sich vielleicht auch. Hätte ich mich zu reden getraut, wäre ich nicht so kaputt gegangen. Dann hätte ich die Möglichkeit gehabt, die Angst zu fassen, sie zu befühlen und zu betrachten und sie am Ende, nachdem genügend Zeit vergangen war, loszulassen. Jetzt aber ließ ich alles einfach geschehen und wiegte mich in der Vorstellung, dass ich keinen Einfluss auf die Ereignisse hatte.

Und vielleicht hatte ich das auch nicht, aber ich hätte alle Macht über meine Angst gehabt.

DER RICHTIGE

Als kleines Mädchen dachte ich, dass es auf der Welt nur einen Mann für mich gibt. Das Objekt meiner Liebe wechselte von Petri zu Hannu und von Hannu zu Antti. Ich verknallte mich leicht und brennend, und jedes Mal bildete ich mir ein, diesmal mehr verknallt zu sein als vorher. Dass ER es jetzt ist.

Bei der Trennung von meinem Teddybären war ich sicher, mich nie mehr zu verlieben. Dass es das jetzt war, dass ich für den Rest meines Lebens allein bleiben würde.

Erst als ich schon auf die dreißig zuging, begriff ich, dass ich bei jedem Mann exakt die gleichen Gedanken hatte. Im Grunde hing das gar nicht mit dem jeweiligen Mann zusammen, sondern mit mir. Liebe ist eine chemische Reaktion und ein Hormonschwall, der sich so gut und exotisch anfühlt, dass ich mich daran klammere, um ein spannendes Leben zu haben. Ich wälze und knete Gedanken im Kopf, die die Hormonproduktion weiter ankurbeln, und wenn ich einen Mann treffe, schlucke ich mit seinem Sperma alles, was meine Gefühle stärkt.

In regelmäßigen Abständen begegnen mir Männer, die meine Hormone zum Sprudeln bringen. Im Schnitt passiert das etwa alle zwei, drei Jahre, also sofort nachdem ich die vorige große Enttäuschung verarbeitet habe und bereit für einen neuen gewaltigen Hormonguss bin.

Ob aus der Beziehung jemals etwas wird, hängt am Ende also nicht von meinen großen Gefühlen ab, sondern davon, ob unsere Lebenssituation, unsere Moral und unsere Weltanschauung ähnlich sind. Mein Gefühl beim Verliebtsein sagt also gar nichts, und wenn ich nicht lerne, mich unter dem Einfluss dieses Rauschmittels normal zu benehmen, wird es mir nie gelingen, aus so einer Geschichte jemals etwas Ernsthaftes aufzubauen.

Starkes Verknalltsein hat immer mit einem Bruch im Leben zu tun. Ich hatte Pasi, weil ich mich gerade getrennt hatte. Dann hatte ich den Kerl, als ich kurz davor war, für ein Jahr ins Ausland zu gehen. Bei den beiden spreche ich nach wie vor von Liebe, obwohl ich nicht sicher bin, was es war. Auf jeden Fall war ich durcheinander. Und das kann nicht gesund sein, jedenfalls nicht auf Dauer.

Als ich ins Ausland ging, wollte ich möglichst viel Spaß haben, stieß dort aber auf mein eigenes hormonbenebeltes Ich. Es stoppte mich und sagte, du kannst nicht frei und glücklich sein, bevor du weißt, wer du bist und was du willst. Dieser Gedanke muss in den Körper einsickern. Das Gefühl, verliebt zu sein, hatte meinen Körper erobert, und ich war nicht mehr in der Lage, ihn mit meinen Gedanken zu kontrollieren. Und ich konnte mir das alles auch nicht bloß als Hormonbenebelung denken, denn meiner Meinung nach hatte ich einen Seelenverwandten getroffen.

Ich versank in einem Sumpf, durch den ich das ganze Jahr watete. Ich war so verknallt, dass ich nichts sah. Ich sah nicht, dass er sich nicht so viel aus mir machte wie ich mir aus ihm. Als er nicht mehr auf meine Nachrichten antwortete, redeten wir nicht offen darüber, die chemischen Reaktionen in meinem Körper wurden stärker und gingen nicht mehr weg. Das Schweigen und die Unwissenheit führten dazu, dass ich das Gefühl hatte, als drückte mir der Mann das ganze Jahr über den Hals auf die Guillotine. Doch alles, was passierte, zwang mich am Ende dazu, mich selbst kennenzulernen.

Genau so ein Jahr brauchte ich, auch wenn ich bei meiner Abreise nicht kapiert hatte, mit was für einer Scheiße die Suche nach sich selbst verbunden ist – man sitzt dabei nicht am Pool und trinkt hin und wieder einen Schluck Mojito. Sich selbst oder sein Selbstwertgefühl zu finden bedeutet genau genommen einen schwer zu gehenden Weg, einen starken Anstieg über einer gefährlichen Schlucht. Erst Jahre später kommt es einem wie ein Abenteuer vor. Man kann es nicht aus Büchern und mithilfe von Videos lernen (auch das nicht), nicht einmal indem man auf die Freundin schaut, die neben einem geht. Man muss sich trauen, genau das zu tun, wovor man Angst hat: sich trennen, weggehen, alles hinter sich lassen, nein sagen, ja sagen, sich verlieben und zerbrechen, sich neu anfreunden, sich wieder verlieben und nicht zerbrechen – oder was einem auf dem Weg so alles begegnen mag.

Hätte ich damals nur kapiert, dass zwischenmenschliche Verwicklungen und Probleme nicht aus Versehen passieren. Ich war verwickelt, der Kerl war verwickelt, und zusammen verknoteten wir uns. Das war kein Zeichen des Universums und auch keine Vorsehung, sondern es hatte mit unserer Verwickeltheit zu tun.

Jedes Problem, das einem das Leben bringt, ist wie ein Knoten im Darm. Es ist nicht leicht, ihn aufzudröseln, weshalb Narben zurückbleiben können. Aber wenn man sich genügend bemüht, geht der Knoten schließlich auf. Nachdem er so lang verknotet war, hat der Darm noch Knicke, aber mit der Zeit legt sich das. Die Narben gehen nie weg, und das ist auch gut so, denn sie hinterlassen das Signal, dass hier einmal etwas schiefgelaufen ist, sodass man beim nächsten Mal die Anzeichen der Verbiegung früher erkennt. Lässt der Schmerz nach, fällt es einem schon leichter, aufrecht zu gehen. Auch die Scheiße fliegt endlich wieder normal. Die Scheiße, die hinter dem Darmknick stecken geblieben ist. Ein richtiger Brocken. Auf den zu warten hat sich gelohnt. Es fühlt sich nämlich ziemlich gut an, einen alten verschimmelten Exkrementriegel von fünf Kilo in die Kloschüssel zu drücken. So fühlt es sich an, wenn man vorwärtsgeht und die alten Geschichten hinter sich lässt.

Aber wenn man sich nie traut, seine Knoten aufzufummeln und den Brocken in die Schüssel fallen zu lassen, wächst er weiter an und es geht einem immer schlechter. Ohne den Kerl hätte ich meine Knoten wohl noch immer nicht bemerkt. Ohne die vom Kerl ausgelöste chemische Reaktion, die man Liebe nennt, wäre ich weiterhin naiv und mir nicht darüber im Klaren, dass ich hinter das Gefühl blicken muss und nicht bloß blind daran glauben, dass es Fügung ist.

Obwohl wir nie offiziell zusammen waren, waren alle Gefühle und Erinnerungen für mich echt und real. Durch sie erinnere ich mich an mein Leben. Ich erinnere mich nicht an einzelne Sommer oder Winter oder an einen bestimmten Tag, wenn damit nicht ein starkes Gefühl verbunden ist. An einen Sonntagmorgen erinnere ich mich, weil der Kerl und ich über die bescheuertste Sache der Welt Tränen lachten. Über etwas, das wir gemeinsam hatten und das man niemandem erklären kann. Diese Erinnerung bringt mich noch heute zum Schmunzeln.

Ohne den Kerl gäbe es dieses Lächeln nicht.

DER FREUNDMANN

Manche Frauen haben viele männliche Freunde. So eine bin ich nie gewesen. Ich habe immer Angst vor Jungs gehabt und bin in ihrer Gesellschaft schüchtern gewesen, besonders als Single. Wenn man mit jemandem zusammen ist, fällt der Umgang mit Männern leichter, weil man dann nichts auseinanderhalten, analysieren und interpretieren muss. Es reicht auch, wenn der Mann mit jemandem zusammen ist. Das erleichtert alles. Auf diese Weise bekam auch ich einen Mann zum Freund. Wenn nichts geht, öffnet sich Raum für Freundschaft.

Unsere Geschichte fing an, als ich noch wegen des Kerls total fertig war. Ein Jahr Herzschmerz hatte mich extrem sensibel gemacht. Ich hatte so viel in den Tiefen meiner Seele und in diversen Darmabschnitten gewühlt, dass mein ganzer Körper empfindlich war. Mit meinen Freundinnen hatte ich alles durchgekaut und es war nichts mehr übrig, obwohl andererseits noch alles da war. Dann schneite der erste Freundmann meines Lebens bei mir herein. Ich kannte zwar viele Männer, aber das waren immer die Freunde von jemandem und darum nicht solche eigenen Freunde, die man anrufen und vollheulen konnte, weil eine gewisse Person nicht auf eine Nachricht geantwortet hat. Aber mit diesem einen konnte ich über alles reden.

Als wir uns kennenlernten, fiel ihm auf, wie ramponiert ich aussah. Von wegen, da läuft gerade ein Siechtumsprozess ab. Die Frau zieht am Ecktisch eine Schnute, versucht zwar zu lächeln, aber man sieht, dass sie still vor sich hin fault.

Er sah auch, dass ich niemanden an mich herangelassen hätte, der nur baggern wollte. Ich sah bestenfalls so aus, als hätte ich etwas Überflüssiges fallen lassen, wenn mich jemand angesprochen hätte. Kein Mann will so etwas in seiner Nähe haben. Außer dem Freundmann.

Er achtete mich gerade als das arme, vor sich hin faulende Ding, das ich damals war. Er holte mich aus dem tiefen dreckigen Sumpf des Herzschmerzes und stellte mich auf die Beine, wischte mir die Scheiße von den Klamotten und sagte, verdammte Hacke, du bist wunderbar. Und das hätte er nicht tun müssen, denn er versuchte ja nicht, mich anzugraben, und er war mir auch nichts schuldig. Trotzdem tat er es.

Er beherrschte die edle Kunst des Zuhörens. Das ist keine Selbstverständlichkeit. Zuhören ist nämlich nicht leicht, und nicht viele können es. Zuhören heißt, dass man den anderen lässt, wie er ist, und ihn die Fehltritte seines Lebens im eigenen Rhythmus machen, ihn auf seine eigene Art daraus lernen lässt.

Zuhören heißt nicht, dass man versucht, klüger zu sein als die andere. Zuhören heißt nicht, dass man gleichzeitig auf seinem Handy scrollt. Zuhören heißt nicht, dass man versucht, die andere Person zu ändern. Zuhören heißt nicht, dass man sagt: »Du musst jetzt …« Denn man muss nichts, und kein Rat ändert was an dem, was man im Herzen fühlt. Kein Ratschlag kann dieses Gefühl beseitigen. Das kann einzig und allein die Zeit.

Noch fünf Jahre zuvor hätte ich mich Hals über Kopf in den männlichen Menschen verliebt, der mich aus dem Sumpf gezogen hat. Denn wenn das Herz weich ist, bleibt es leicht so fest am ersten Helfer hängen, dass der nächste Herzschmerz bereits hinter der nächsten Ecke lauert.

Jetzt passierte mir das nicht. Ich war selbst verblüfft. Gern hätte ich wilden Sex mit diesem tollen Männerfreund praktiziert, aber zugleich wollte ich es auch nicht. Ich wollte ihn als Freund in meiner Nähe haben. Die Stimme, die fünf Jahre zuvor gesagt hätte, verführe ihn, sagte nun, er ist nicht die Liebe deines Lebens oder jedenfalls keiner, mit dem man sich für Jahre in Löffelchenstellung begibt. Dieser Mann wäre ein Trostpflaster gewesen, bloß ein Mittel zur Wundversorgung.

Außerdem war er mit jemandem zusammen. Aus irgendeinem Grund bedauerte ich das nicht. Ich hielt es für ein Plus, denn es ermöglichte unsere Kameradschaft.

Es lief zwischen uns nichts Sexuelles, weil wir die Freundschaft hatten. Beziehungsweise die sexuelle Spannung war so gering, dass sie unsere Freundschaft nicht störte. Denn natürlich ist bei guten Typen immer eine gewisse Chemie da. Ob sie dem eigenen Geschlecht angehören oder dem anderen.

Die ganze Situation war neu für mich, denn meine Freundschaften mit Männern hatten immer eine sexuelle Spannung gehabt, bei der ich das Gefühl gehabt hatte, sie lösen zu müssen. Aber plötzlich verstand ich, dass das absolut nicht sein muss, selbst wenn es eine solche Spannung geben sollte. Die Tatsache, dass er mit jemandem zusammen war, zwang mich, das Ganze im kameradschaftlichen Rahmen zu halten. Das war perfekt, denn Sex hätte alles verderben können. Auch wenn man sich einredet, dass ein bisschen Poppen nichts ändert, kann es in Wirklichkeit alles verändern. Es bringt immer etwas mit sich. Das ist bedauerlich, denn es wäre wunderbar, wenn man einfach sonntagmorgens mit einem Freund geilen Sex genießen könnte. Aber an irgendeinem Punkt haut es irgendwie nicht mehr hin, wenn die Regeln nicht klar sind oder einer von beiden nicht fähig ist, sich daran zu halten. Natürlich löste sich die kleine sexuelle Spannung ganz von selbst. In der Kennlernphase war sie am stärksten, aber innerhalb eines halben Jahres war sie verschwunden.

Inwiefern unterschied sich dieser Freundmann nun von meinen Freundinnen? Vielleicht gar nicht, außer durch seinen Penis. Es ist nämlich etwas anderes, ob ein Mann von einem Mann analysiert wird oder von einer Frau. Auch wenn das Ergebnis oft im Großen und Ganzen das gleiche ist, merkte ich, dass mir die Worte meine Freundmannes zu Herzen und dort vor Anker gingen. Ich glaubte ihm mehr, auch wenn es dafür keine vernünftige Erklärung gab. Vielleicht hatte ich teilweise das Gefühl, mit dem Kerl zu reden. Es kam mir vor, als wälzte die mit Frauen durchgeführte Analyse immer nur alle möglichen Theorien hin und her, während der Mann »wusste«, was los war. Er vereinfachte das ganze Gegackere, das ich seit einem Jahr über Männer von mir gab. Oder eigentlich schon seit dreißig Jahren.

Wir behandelten jeden Herzschmerz und jeden Fick, den ich gehabt hatte. Er erzählte mir alles über Männer. Er analysierte für mich, warum der Kerl so handelte, wie er es tat. Er erzählte mir (ohne die Wahrheit zu kennen, denn auch ich kannte sie ja nicht), der Kerl möge mich und konstruiere sich womöglich Gefühle für die andere Frau, um sein Selbstwertgefühl zusammenzuhalten. Weil ich weg gewesen sei, habe er es nicht gewagt, darauf zu vertrauen, dass wir wieder zusammenkämen. Mit dieser Theorie, die vermutlich nicht einmal zutraf (ich glaube im Ernst, dass sich der Kerl schlicht und einfach nicht so viel aus mir machte), stellte mich der Männerfreund wieder auf die Beine.

Ich schäumte und behauptete, Männer würden nicht denken, diese verdammten Röhrengehirne, und er hielt dagegen, Männer seien keine Röhrengehirne. Jeder Mann habe exakt mit den gleichen Gedanken zu tun wie eine Frau, aber Männer befassten sich damit nicht so, dass sie mit dem Mikrofon alles auf die Straße hinausschrien. Es werde nicht alles stundenlang, tagelang, jahrzehntelang der Nachbarin, der Frau an der Kasse und jedem, der den Nerv hat, zuzuhören, unter die Nase gerieben.

»Für eine Frau sind das soziale Ereignisse: Herzschmerz und Männerprobleme. Sie muss ständig darauf herumreiten«, sagte er mir in einem Café und stopfte sich einen Muffin in den Mund. Ich knabberte an meinem Schokomuffin und dachte, dass ich ihm gegenüber gerade mal wieder dieselben Sachen wiedergekäut hatte wie schon oft zuvor.

»Wie kann es, verdammt noch mal, möglich sein, dass

Männer über diese Dinge nicht miteinander reden? Was machen sie stattdessen?«, fragte ich verdutzt und wischte mir Muffinkrümel von der Nase.

»Männern fällt es schwer, über ihre Gefühle zu reden und sich zu öffnen. Normalerweise hat man einen Kumpel, dem man mit ein bisschen deeperen Sachen kommt.«

»Ja, ja, aber was macht ihr stattdessen?« Ich starrte ihn mit großen Augen an. Ich konnte mir schlicht und einfach nicht vorstellen, mit meinen Freundinnen nicht über zwischenmenschliche Beziehungen zu reden. Hat man im eigenen Leben gerade keine Probleme auf dem Gebiet, dann redet man eben über die Paarbeziehung einer anderen oder was sie am Laufen hat, und ist innerlich entsetzt, von wegen was das nun wieder wird und checkt sie das nicht.

»Alles Mögliche. Man spielt was oder quatscht über Frauen auf allgemeiner Ebene. Wir reden schon über Beziehungskram und -probleme. Aber es werden nicht dieselben Sachen aus jedem Blickwinkel hin und her gedreht und durchgehechelt. Wenn eine Frau nicht auf eine Nachricht antwortet, antwortet sie nicht auf eine Nachricht. Wenn eine Frau nichts Ernstes will, will sie nichts Ernstes. Ich jedenfalls versuche nicht, in solchen Situationen irgendwelche Bedeutungen zu finden. Frauen dagegen sind meiner Ansicht nach so, dass sie auch die Nachricht eines Mannes interpretieren, in der bloß ›ok‹ steht«, antwortete er verwundert auf meine Frage.

Ich schaute nachdenklich aus dem Fenster und stellte fest, dass ich schon wieder innerlich analysierte, wie Männer sind. Ich konnte mir einfach niemanden vorstellen, der seinen Schwarm nicht analysierte. Anstatt dass ich diese Information über Männer als Faktum hingenommen und mein Leben unter der Voraussetzung fortgesetzt hätte, fing ich an, über alle meine bisherigen Beziehungen zu Männern nachzudenken, vom Random-Fick bis zu den Lieben. Ich seufzte tief, denn ich begriff, dass für die Analyse Jahre draufgehen würden, ich würde sterben, bevor ich zu einem Ergebnis käme.

Im Augenwinkel sah ich meinen Freund lächeln. Ich hätte mich in ihn verlieben mögen und wünschte, er sich in mich. Es wäre so viel leichter gewesen, sich in einen Freund zu verlieben. Das ganze Kennenlernen wäre bereits erledigt. Ich hätte gern auf seine Anrufe und Nachrichten gewartet, wäre breitbeinig auf ihn gesprungen und hätte ihm im Bus einen geblasen, ihm alles über meine Kindheit erzählt, meine Traumata offenbart und wie ich sie überstanden hatte und darum ein starker Mensch geworden war, ich hätte endlos über meine Freundinnen gequasselt, ihm meine Fotos gezeigt und scheinbar interessiert zugehört, wenn er über Underground-Filme sprach, für die ich mich kein bisschen interessierte.

Wir gingen noch am selben Abend von Kaffee zu Cider über. Dann zu einem Shot. Zum zweiten Shot. Zum dritten. Zu ein paar Gin Tonics und schließlich in einen krassen Rausch. Nachdem die Bar zugemacht hatte, gingen wir zu mir, denn ein betrunkener Mensch läuft dem Alkohol selbst bis ins eigene Arschloch hinterher, und ich hatte noch etwas im Haus.

Um halb fünf am Sonntagmorgen plünderten wir

meine Vorräte. An Drinks war nur Cider vorhanden. Das passte hervorragend. Wie es sich gehört, wenn man betrunken ist, gingen wir noch einmal alle unsere Traumata durch. Wir vergossen ein paar Tränen, umarmten uns und pennten in Klamotten auf meinem Bett ein. Als wir fünf Stunden später aufwachten, waren wir noch immer betrunken. Schlotternd begaben wir uns in Löffelchenstellung, und mein Freund schlief weiter, ich jedoch nicht.

Da haben wir es, dachte ich. Er hat eine Freundin, liegt aber neben mir. Trotzdem kommt mir das überhaupt nicht komisch vor. Wir sind Freunde, und er hat einen Penis. Weder er noch ich versuchen etwas. Ob seine Freundin eifersüchtig wäre, wenn sie davon wüsste? Wird ihr mein Freund etwas erzählen? Obwohl es ja eigentlich nichts zu erzählen gibt. Warum sollten sich ein Mann und eine Frau nicht nahestehen können?

Dies war die Erfahrung, die ich brauchte.

Mein Leben lang hatte ich in der Angst gelebt, dass mich alle Männer betrügen wollen. Und das tun sie auch. Oder sie wollen jede bumsen und tun es auch, wenn sich die Gelegenheit ergibt. Wie gut fühlte es sich dagegen an, Teil einer solchen engen Freundschaft zu sein, in der Berührung Zuneigung bedeutet und nicht Anmache. Früher war ich in meinen Beziehungen irgendwie eifersüchtig gewesen, hatte immer das Gefühl gehabt, dass andere Frauen sexyer sind als ich. Oder zumindest die Frauen, mit denen sich mein Partner unterhielt oder weiterfeiern ging. Jetzt sah ich aus relativ geringer Entfernung (aus Löffelchendistanz), dass gar nichts dabei war.

Der Geist des Menschen ist äußerst brutal, wenn er

Angst hat. Ein eifersüchtiger Mensch sieht nicht die Wahrheit, sondern nur seine Angst. Die Angst wiederum kommt, jedenfalls bei mir, daher, dass ich keine männlichen Kumpels gehabt hatte und glaubte, sämtliche Penisse wollten in erster Linie in die Vagina einer fremden Frau eindringen.

Ich weiß nicht, was mein Freund getan hätte, wenn ich mich über sein Ding hergemacht hätte, und ich wollte es natürlich auch nicht ausprobieren. Es wäre unfair gegenüber ihm und selbstverständlich auch gegenüber seiner Freundin gewesen. Es wäre unfair gewesen, ihn in eine Lage zu versetzen, in der getestet wurde, ob er nein sagen kann. Von der Lust hing es nicht ab, denn mit einem Hangover will man dringender ficken als je zuvor.

Ein Mann kann einem den Glauben an alle anderen vermiesen, aber anscheinend kann er ihn auch zurückgeben. Nie habe ich meinem Freund gegenüber diesen Gedanken erwähnt, dass wir nicht aneinander interessiert sind, dass ich es sein möchte, es aber nicht bin. Und ob ich es wohl wäre, wenn er Single wäre und nicht bis über beide Ohren in seine Freundin verliebt. Was dann passieren würde.

Ich war glücklich. Ich hatte einen neuen Freund. Einen Freundmann, der nicht alle naselang eine sexuelle Anspielung machte oder mir im Spaß an den Hintern fasste. Einen echten Freund.

ICH WAR FÜNF JAHRE SINGLE

Der Welt oder der Gesellschaft ist es egal, wie lange ich Single war, aber für mich spielte es eine Rolle. Eine schrecklich große.

Es spielte keine Rolle, wie viele Männer in diese Jahre hineinpassten. In den ersten Jahren war es allerdings wesentlich. Die Männer, die Abschüsse, die Ficks, die Telefonnummern, die nächtlichen besoffenen Gespräche und Textnachrichten waren Medaillen am Hals, Leistungsabzeichen des Singledaseins. Ich glaubte, das sei das echte Singleleben *at its best*. Dass man Männer hat, denen man Nachrichten schreibt oder die man anruft. Ob ich mich für sie interessierte oder nicht, war egal. Wichtig war nur, dass es Männer gab.

Aber im Lauf der Jahre merkte ich immer mehr, dass ich mich danach sehnte, mit nur einem Menschen vögeln zu dürfen. Ich sehnte mich nach Nähe und Liebe, nach einem Gefährten, dem ich vertrauen und den ich anrufen kann, wenn ich schlecht drauf bin oder auch gut. Aber obwohl ich mich nach Liebe sehnte, erwartete ich doch nicht, dass sie etwas ändern würde. Ich hätte trotzdem meinen Kummer. Ich hätte trotzdem mich – das sensible Mädchen, mit dem ich den Rest meines Lebens verbringen muss. Oder mit dem ich zusammenleben darf.

Die größte Veränderung war die, dass ich das Glück nicht

mehr bei den Männern suchte. Ich lernte, dass ich leer und unglücklich bleiben würde, solange ich wollte, dass mich ein Mann erfüllte und glücklich machte. Das hätte ich nie verstanden, wenn ich nicht all die Jahre umhergeirrt und gestolpert wäre, mich nicht mal von dem und mal von dem Stier hätte abschleppen lassen und mal hier und mal da in eine Grube oder eine Falle gestürzt wäre.

Wenn man kapiert, dass man in ein Loch gefallen ist und blutige Knie hat, und nicht weiß, wie man wieder herauskommen soll, kommt einem das nicht wie ein wichtiges Ereignis im Leben vor. Es kommt einem unfair vor, man hält es für ein Missgeschick. Aber wenn man es endlich geschafft hat, sich mit Fingernägeln voller Erde herauszukämpfen, kann man um sich herum einsame Seelen sehen, die erst dabei sind, in ihr eigenes Loch zu fallen. Man kann viele traurige Wesen sehen, die nicht einmal versuchen, wieder herauszukommen. Und solche, die voller Eifer Fallen für andere graben und Zäune bauen, weil sie sich selbst so sehr fürchten. Aber vor allem kann man endlich all die Löcher sehen, die vor einem liegen, und lernen, ihnen auszuweichen. Oder wenigstens wissen, dass man wieder herauskommt, wenn man hineingeplumpst ist.

Im Lauf meiner Singlejahre konzentrierte ich mich nach und nach auf die Dinge, die ich liebte und immer noch liebe. Gleich zu Beginn fing ich mit dem Laufen an, und am Ende wurde aus dem ersten qualvollen Kilometer ein Marathon. Ich weiß nicht, ob ich mich dazu herausgefordert hätte, wenn ich jemanden an meiner Seite gehabt hätte. Vielleicht hätte ich mich darauf verlassen, mich nicht entwickeln und nichts Besonders versuchen zu müssen, weil ich ja die Beziehung hatte. Weil ich einen Mann hatte. (Um ganz ehrlich zu sein, lief ich den Marathon, um den Kerl aus dem Kopf zu bekommen. Klappte nicht. Aber mit fetten Blasen an den Füßen schaffte ich es immerhin, 4 Stunden, 39 Minuten und 9 Sekunden zu joggen.)

Das Glück sucht man oft im Gelingen, in Errungenschaften und Siegen, aber nach dem Marathon fühlte ich mich eher leer als glücklich. Der Traum war erfüllt, und ich begriff, dass eigentlich der Weg dorthin das Bedeutsame gewesen war. Zwar ist auch ein Ziel etwas Gutes, aber man sollte dabei im Sinn behalten, dass dort nicht unbedingt das auf einen wartet, was man sich vorgestellt hat.

Ganz selten und vollkommen zufällig tauchte noch immer mal ein random Mann in meinem Leben auf. In diesem Stadium ließ ich sie an mich heran, weil ich testen wollte, ob ich über den Kerl hinweggekommen war. Ich war es nicht. Aber die Geschichten ohne Liebe hatten insofern ihren Informationswert verloren, als ich mich nicht einmal aufraffen konnte, mit meinen Freundinnen über die Typen zu reden. Ich erzählte nur etwas, wenn mich eine zufällig danach fragte, aber ich rief nicht mehr in morgendlicher Zuckerwattenstimmung eine Freundin an und sagte, ich habe einen Mann vom Tresen mit nach Hause genommen. Denn was dann? Mein Leben änderte es nicht und auch nicht das meiner Freundinnen. Es war längst so alltäglich und banal, dass man darüber nicht zu reden brauchte. Dennoch vergingen nach jedem Fick genau zwei Wochen, bis ich aufhörte, an die gemeinsame

Nacht zu denken. So lange hält sich ein unbekannter Mensch auf der Haut.

Diese zweiwöchige Denkphase wuchs jedes Mal um eine Woche an, wenn der Kontakt weiterging. Eine einzige Nachricht, und schon kam eine Woche Nachdenken hinzu, vielleicht sogar zwei. Es war ulkig, zu beobachten, wie der andere eine Spur hinterließ. Und wie die Spur am Ende verschwand.

Nach fünf Singlejahren, oder vielleicht auch, weil ich aufs dreißigste Lebensjahr zuging, fing ich an, die Bedeutung inneren Wachstums zu verstehen, weshalb ich mich für alle inneren Kämpfe belohnte, die ich mit der Zeit gewann. Einer davon war die Genesung vom Herzschmerz (der Kerl). Dafür vergingen genau zwölf Monate und fünf Tage. Dann dämmerte vor meinen Augen ein Morgen, an dem alles irgendwie anders war. Ich stand an der Straßenbahnhaltestelle und starrte auf mein Handy. Es war Kerls Geburtstag. Ich überlegte, ob ich ihm eine Nachricht schicken sollte. Wir hatten seit einem Jahr nicht miteinander gesprochen. Sollte ich ihm trotzdem etwas schreiben, einfach als Freundin? Ich überlegte mir, was ich schreiben könnte, und tippte die Nachricht fertig. Mein Herz schlug heftig und ich begriff, dass ich mich selbst austrickste. Ich konnte nicht »bloß als Freundin« schreiben. Er war kein Kumpel von mir.

Mit zitternden Händen fragte ich mich, was für eine Reaktion ich eigentlich erwartete oder was ich mir überhaupt davon versprach. Zuerst stellte ich mir vor, wie es wäre, auf eine Dankesnachricht zu warten, womöglich stundenlang. Oh, übel. Dann stellte ich mir vor, sie endlich zu bekommen. Und da kapierte ich es. Es spielte keine Rolle mehr für mich, was in der Nachricht stehen würde. Seine Worte interessierten mich nicht. Sie hatten keinen Einfluss mehr auf mich.

Ich steckte das Handy ein und sprang in die Straßenbahn. Ich schickte ihm keine Nachricht, und im selben Moment fiel mir ein Stein vom Herzen. Ich lachte laut. Unmerklich hatte ich losgelassen.

Für diesen grandiosen mentalen Sieg belohnte ich mich mit einer zweiwöchigen Reise nach Thailand. Es waren keine Flitterwochen, wie ich es mir gewünscht hatte – sondern Ichwochen. Die Ichwochen meiner Träume, zu denen gehörte, einzig und allein mich zu verwöhnen.

Gleichzeitig beschloss ich, mit besoffenen One-Night-Stands ganz aufzuhören. Ich genoss den Sex im betrunkenen Zustand mit unbekannten Männern nicht, warum also praktizierte ich ihn? Wenn ein Mann, den ich in einer Bar kennenlerne, mich nicht im nüchternen Zustand sehen will, lasse ich das Ganze. Ich wusste, dass dies eine lange sexlose Phase bedeuten konnte, aber zumindest würde ich den Sex genießen, wenn ich ihn hätte.

Weil ich mit der Random-Vögelei aufhörte und keine Lust mehr hatte, die Männer in meinem Tagebuch durchzuhecheln, verlegte ich meine Gedanken ins Netz, in einen Singleblog. Darin schrieb ich keine Bekenntnisse über Männer wie in mein geheimes Tagebuch, denn ich wollte in meine öffentlichen Texte keine anderen Menschen als mich selbst hineinziehen.

Ich wuchs und wurde reifer. Langsam und nach und nach.

Ich hätte diese lange Singlereise am liebsten nicht gemacht, denn ich sehnte mich so sehr nach Liebe. Es wäre leichter gewesen, die Gedanken und Gefühle in den Asphalt zu drücken und mit der Walze drüberzufahren. Irgendeinen Mann in den Arm zu nehmen, in einer Beziehung zu sein. Zum Glück also – zum Glück! – sind alle meine Männergeschichten in den Arsch gegangen, und zwar in einen behaarten mit Hämorrhoiden. Ansonsten hätte ich das Leben eines Mannes zur Hölle gemacht, indem ich nach den Splittern meines Ichs gesucht hätte. Vor allem wenn ich versucht hätte, alle Gefühle, die herauswollten, einzudämmen.

Endlich begann ich zu verstehen, warum ich mich in bestimmte Männer verliebt oder verknallt hatte. Pasi war ein echter Charmeur. Er war sozial und dynamisch. Darum hatte ich mir eingebildet, sein Herz sei rein, und er könne über alles reden. Aber am Ende war sein Verhalten bloß eine Maske, hinter der er sich versteckte. Ich hätte es kapieren müssen, als wir uns küssten, denn trotz allem Machogehabe konnte er nicht küssen. Er war nicht fähig, sich auf Nähe und Zuneigung zu konzentrieren. Alles mit ihm war scheinbar gut, und es fiel mir schwer, damit umzugehen. Pasi hatte Schwierigkeiten, über echte Dinge zu sprechen, wie zum Beispiel darüber, wann wir uns das nächste Mal sehen, welche Gefühle er für mich hat, ob er etwas Festes mit mir will und warum ich überhaupt Teil seines Lebens bin. Alles war immer Witz, Show, Alberei. Ich hatte das damals nicht verstanden, weil ich selbst so verloren gewesen war.

Jussi hielt ich für eine Zuflucht, aber er ertrug meine

Beschädigung und meine Sexualität nicht. Er war nicht in der Lage, mich in meinem Wachstum zu unterstützen, er wollte mich komplett ändern.

In den Kerl wiederum verliebte ich mich, weil er viel jünger war als ich. Ich war unfertig und gebrochen, und er war es auch – allerdings geistig viele Jahre hinter mir zurück, und darum lief es, wie es lief. Ich wäre damals nicht fähig gewesen, einem erwachsenen Mann zu begegnen, weil dieser sofort gesehen hätte, dass ich kaputt war. Es war sicherer, sich an einen zu klammern, der es nicht sah.

Als ich mich mit den Jahren gefasst hatte, merkte ich, dass sich ein bestimmtes Muster wiederholte. Weil ich so sehr Angst davor hatte, einem anderen Menschen wehzutun, vergaß ich mich selbst. Darum gingen meine Männergeschichten immer den Bach hinunter. Ich blieb an Typen hängen, mit denen es mir nicht gut ging, weil ich Angst hatte, wegzugehen. Ich handelte auf eine Art, von der ich hoffte, sie würde mich glücklich machen – nicht auf eine Art, die mich wirklich glücklich machte.

Als ich mir nach fünf Singlejahren immer mehr Zeit für mich selbst nahm, wuchsen auch am Rand meines Weges Blümchen. Ich konnte die Wochenenden allein zu Hause genießen. Es zog mich nicht in Bars und ich träumte auch nicht ständig von Männern. Wenn ich hin und wieder einen bekam, blühten auch in meiner Vagina Blümchen. Pilzblüten. In der Hinsicht war alles wie früher. Aber andererseits doch nicht.

Wegen meines Blogs nahm eine bekannte Frauenzeitschrift Kontakt mit mir auf, weil sie über meine Singlegedanken eine Geschichte machen wollten.

An der Männerfront tat sich daraufhin etliches. Nach der Veröffentlichung des Artikels bekam ich siebenundzwanzig Mails von Männern. Eine war lustig, und ich ging zu einem Date mit dem Verfasser. Der E-Mail-Mann war live jedoch alles andere als mein Typ, aber wir trafen in dem Café Freunde von ihm, von denen einer – Matti – echt witzig war und mir im Gedächtnis blieb. Der E-Mail-Mann und ich dateten uns nicht mehr. Es vergingen ungefähr vier Monate und drei Tage, bis ich zufällig in einer Bar auf Matti stieß, mit dem ich daraufhin zwei Monate lang ausging. Alles war mehr als perfekt, und ich hatte schon das Gefühl, dass es gefunkt hatte. Aber. Matti hatte sich erst drei Wochen vorher getrennt, und das spürte man nur allzu deutlich. Er war ein lustiger Vogel, der Frauen im Arm haben wollte, weil er so verloren war. Und ich konnte es nicht ab, dass ein Mann nicht auf Nachrichten und Anrufe reagierte wegen Kumpels und Feiern. Ich hatte diese Phase hinter mir und wusste, dass auch dieser Kerl sie durchleben musste.

Als ich zum letzten Mal von Matti nach Hause fuhr, traf ich in der Straßenbahn den Fotografen, der für die Frauenzeitschrift Bilder von mir gemacht hatte. Er lud mich auf ein Bier ein. Später stellte sich heraus, dass er Mattis Cousin war. Und ein guter Freund von Jussi.

Oh well. Finnland ist klein, und ich hatte das Gefühl, dass es innerhalb seiner Grenzen keinen Penis mehr gab, den ich noch nicht irgendwann angefasst hatte. Meine innere Hure erhob das Haupt, aber zum Glück war der Fotograf entspannt und hatte selbst schon mit allen gevögelt. Das kam heraus, als wir ausgingen und Bier tranken und entgegen meinen neuen Prinzipien Sex hatten. Aber mit manchen läuft es einfach gleich auf Sex hinaus. Andere will man sich aufsparen. Vielleicht kann man folgende Regel aufstellen: Wenn es sich am Tisch nicht gut anfühlt, kann es sich auch auf dem Tisch nicht gut anfühlen.

Ich wollte den Fotografen trotzdem nicht als Freund. Ich wollte Sex, weil ich wusste, wir würden uns nicht mehr sehen. Der Fotograf hätte das allerdings gern gewollt.

Der verzweifelte Matti rief mich nachts betrunken an, und sosehr ich ihn auch sehen wollte und diesen in den Wogen der Trennung zappelnden Hering verstand, ich tat es nicht. Denn, wie gesagt, das hätte nichts geändert. Ich hatte gemerkt, dass die Veränderung aus einem selbst kommen muss. Die therapeutischen Äußerungen der anderen ändern am Ende nichts.

Abgesehen von dieser Episode war ich für mich, aber glücklicher als zuvor. Mit zunehmenden Jahren und während ich die dreißig überschritt, überlegte ich mir, wie es möglich sein konnte, dass das Glück zunahm. Vielleicht nahm es gar nicht zu, sondern ich lernte nur, es besser wahrzunehmen. Ich lernte, zu sehen, was gut war an meinem Leben. Vieles war gut.

Ich beobachtete Menschen aus der Nähe, die gerade Single geworden waren und einen langen Weg vor sich hatten. Manche nahmen sich sofort einen neuen Partner, denn das schien ihnen das Beste zu sein – wenn man sich jahrelang gewünscht hatte, mit einem vollkommen anderen Menschen zusammen zu sein, schnappte man sich mit genauem Radar einen, der wie das Gegenteil zum

Ex wirkte. Für manche war der Partner ein Trostpflaster, andere trafen denjenigen, mit dem es endlich klappte.

Die Redaktion der Frauenzeitschrift wollte mir schließlich eine eigene Kolumne anbieten. Mit hauchdünnem Kater ging ich in die Redaktion, um den Vertrag zu unterschreiben. Ich sah derart explodiert aus, dass man mich in die Küche umleitete, um mir einen Kaffee zu holen. Dort stand der Fotograf herum, der mir nach wir vor ein bisschen zu hartnäckig Nachrichten schickte. Ich lächelte gezwungen. Er schien sich zu freuen und meinte so, jetzt sehen wir uns dann ja öfter. Ich röchelte etwas Undeutliches und ging mit der Chefredakteurin ans andere Ende des Großraumbüros, um dort mit ihr zu reden.

Da rauschte der junge und vitale Sportredakteur einer anderen Zeitschrift vorbei.

Die Chefredakteurin packte ihn am Arm und sagte: »He, Joonatan, das hier ist die Singlebloggerin, die sich selbst als Wichserin tituliert. Sie kommt zu uns. Du bist doch ein Fan von ihrem Blog.«

Auf Joonatans Gesicht ging ein breites Lächeln auf.

»Ich liebe dich. Echt.«

Und so kam es wieder einmal, dass ich mich auf der Stelle verliebte. Kaum war ich zu Hause, fügte ich Joonatan zu meinen Facebook-Freunden hinzu, und wir fingen an, über alles zwischen Himmel und Erde zu chatten. Ich war so in Fahrt, dass ich keine Grenzen kannte. Ich redete mit meinen Freundinnen pausenlos über Joonatan.

Nach einem Monat stellte sich heraus, dass Joonatan stockschwul war.

Zwei Wochen später saß ich allein am Flughafen Helsinki-Vantaa und wartete auf den Abflug nach Thailand. Die Sonne ging gerade erst auf und enthüllte, wie staubig die Flächen und wie schmutzig die Fenster waren.

Ich trank Kaffee und schaute auf die Startbahn, von der immer wieder eine Maschine abhob. Um die Stimmung zu verstärken, ließ ich auf meinem Handy ›All By Myself‹ von Céline Dion laufen. Ich dachte, diesen Monat werde ich 31 und bin seit genau sechs Jahren Single. Und was habe ich nicht alles durchgemacht. Wie viele Tränen vergossen. Wie viele Male von Liebe geträumt und dann enttäuscht gewesen. Mit wie vielen Männern gevögelt. Wie viel unnötigen Kummer geschoben wegen Männern, die sich nichts aus mir machten.

Aber all das hatte mich so verändert, dass ich inzwischen richtig viel lächelte und unbrauchbare Männer mich nicht mehr traurig machen können. Na, zwei Tränen kann man bei jedem vergießen, aber nicht mehr auf dem Fußboden liegend und sich in Krämpfen windend.

Ich trank den Kaffee aus, schnappte mir das Ticket und meine Handtasche und ging zum Gate. Ich seufzte vor Glück. Und mein Fantasiemann seufzte ebenfalls.

Erst jetzt würde das richtige ~~Single~~-Leben anfangen.

PS: Man ist erschöpft, wenn man die ganze Zeit gegen den Strom schwimmt, und am Ende todmüde landet, wo einen der Strom längst hingetragen hätte.

PPS: Ich bin weiterhin Single. Glaubt keinem meiner Ratschläge!

Der Weg ist tief, aber du ertrinkst darin
wenn du ihn nimmst und ohne zu kauen schluckst
Nur der kleine Stein bleibt in der Brandung stecken

Weiterfahren ist gut, wenn deine Hände
die Kraft haben, das Schiff zu steuern
Der Sturm bringt nichts als Reichtum mit

NELJÄ RUUSUA (finnische Rockband)

DANK

Dank an meine Familie.
Dank an Tanten, Onkel, Cousins, Cousinen, Paten und Omas.
Dank an die Freundinnen und Freunde.
Dank an die Leserinnen und Leser meines Singleblogs.
Dank an meinen Verlag.
Ohne Euch wäre ich nicht hier, um mir meinen Traum zu erfüllen.